AF450115

LA SEGUNDA PÉRDIDA

Ensayo sobre lo melancólico

Nahuel Krauss

Prólogo de Florencia Abadi
Epílogo de Carlos Quiroga

Edición: Primera. Marzo de 2020
ISBN: 978-84-18095-14-6
Depótiso Legal: M-2187-2020
Código IBIC: HPX [Filosofía popular], JFCA [Cultura popular],
JMAF [Teoría psicoanalítica (psicología freudiana)]
Código Thema: QDX [Filosofía popular], JBCC1 [Cultura popular],
JMAF [Teoría psicoanalítica (psicología freudiana)]
Lugar de impresión: Barcelona, España / Buenos Aires, Argentina
Diseño: Gerardo Miño
Composición: Eduardo Rosende
Ilustración de portada: Detalle de "Composición con Ropa y Cuerda", Antoni Tàpies
técnica mixta sobre madera contrachapada, 1975.

© 2020, Miño y Dávila srl / Miño y Dávila editores sl

MIÑO y DÁVILA
◆ E D I T O R E S ◆

Dirección postal: Tacuarí 540 (C1071AAL), Ciudad de Buenos Aires, Argentina
c/López de Hoyos 15 (28006), Madrid, España
Teléfono de contacto: (54 11) 4331-1565
Correo electrónico: info@minoydavila.com
Página web: www.minoydavila.com
Redes sociales: @MyDeditores, www.facebook.com/MinoyDavila

Cualquier forma de reproducción, distribución,
comunicación pública o transformación de esta
obra solo puede ser realizada con la autorización
de sus titulares, salvo excepción prevista por la ley.
Diríjase a CEDRO (Centro Español de Derechos
Reprográficos, www.cedro.org) si necesita fotocopiar
o escanear algún fragmento de esta obra.

ÍNDICE

*"Si quieres soportar la vida,
prepárate para la muerte."*

(Sigmund Freud)

A Milagros.

Agradecimientos

A mis amigos, por la extrañeza.

A Juan Quiroga y Santiago Ragonesi, por hacerme de límite y por la conversación.

A Carlos Quiroga, por la mutua adopción.

A Florencia Abadi, por el prólogo y la constante interpretación.

Al "Centro de lecturas: debate y transmisión", por el lugar, el trabajo, el empuje y el lazo.

Breves palabras preliminares

El presente texto está compuesto por una compilación de trabajos escritos a lo largo de diez años. Estos son, por un lado, trabajos presentados en diversas jornadas y seminarios del "Centro de lecturas: debate y transmisión", y por otro, trabajos publicados en diferentes revistas. Su disposición en el libro respeta, en principio, una cronología a raíz de la cual, tanto mis intereses como escritura han ido modificándose. Aun así, cierta coherencia en dichos intereses me permitió agruparlos bajo un mismo título. La segunda pérdida es la expresión que, en más de una ocasión, leí y escuché pronunciar a German García como modo de referirse al duelo. Agradezco al maestro su transmisión, su cercanía a los jóvenes, su hablar lleno de vida y su estilo, más cerca de contar al psicoanálisis que de enseñarlo. Titulo el presente texto como un humilde homenaje a él.

PRÓLOGO
Desear perder: una ética del coraje

por Florencia Abadi

Hay que perder para ganar, se afirma a veces con sabiduría. Nahuel Krauss examina esta idea y la lleva a un plano diferente y superior: hay que perder para existir. Fuera ya de la lógica del cálculo y la competencia, el elogio de la pérdida se mueve aquí en un terreno donde su antónimo se desvanece. La existencia, ya lo decía el viejo Sileno, está lejos de ser un premio.

La lección puede enunciarse de otro modo: para salir de la *vida mortífera* (la muerte en vida) es necesario atravesar su reverso, la *muerte vital*, transformación y proceso. Esta muerte trae consigo una peculiar resurrección, aquella de la existencia. *"Se puede vivir sin existir"*, insiste Krauss. Asumir la muerte significa aquí, en primer lugar, reconocer la deuda simbólica con el pasado, apropiarse de la cualidad vital y procesual del tiempo y sobre todo arrancarle a ese devenir necesariamente inconsciente una particular conciencia. La segunda pérdida es aquí la conciencia de la pérdida, que es también la conciencia de lo que se ha perdido. No hay pérdida si no se sabe que se pierde y qué se pierde. No es extraño, entonces, que la figura protagónica de este libro sea la del melancólico. Pero un melancólico que no responde sin más a la célebre caracterización de *Duelo y melancolía* de Freud, sino que aparece más bien como cifra de la neurosis en general. El melancólico es aquel que no logra asumir la muerte, llevar a cabo la pérdida y existir. Krauss se refiere a una *"melancolía en sentido ampliado"* como punto irreductible de todas las neurosis. La melancolía retoma aquí la antigua tradición medieval de la acedia, como tedio, vacío de la existencia. En el análisis se expresa en el tono monótono, la queja que, por supuesto, esconde la agresión. Del melancólico como genio inspirado –tal como lo pensó la tradición aristotélica– no queda nada. No hay aquí lugar para ningún romanticismo.

El melancólico, entonces, es aquel que no acepta sus deudas: con el pasado, pero también, y sobre todo, con la mentira. Su *"perversión de la verdad"*, afirma Krauss, *"esquiva lo que ésta le debe a la mentira"*. Si el melancólico sostiene la verdad del sinsentido a secas, literalmente, quien atraviesa la pérdida reencuentra la verdad en la ilusión, en la fantasía, en el decir alusivo del humor. En una inversión del relativismo rancio, no se trata aquí de la verdad como ficción sino más bien de la ficción como verdad. Solo desde allí puede el sujeto integrarse al discurso y construir lazos, porque el lazo depende de "la lógica de los semblantes" (que el melancólico, como un alegorista mortificador, desmiembra). Únicamente en la esfera de la mentira, entonces, es posible el amor. Quien no logra desconocer la verdad literal del melancólico está condenado al aislamiento –que lejos está de la noble y reparadora soledad.

La cuestión de la apariencia atraviesa también la política: se trata del *relato* que no por mentiroso resulta menos vinculante con el deseo, el sentido, e incluso lo sagrado. En el capítulo "Profanar lo político" Krauss sostiene que lo político es en el mundo contemporáneo el reducto del sentido, aquello –quizás lo único– por lo cual aún se expone el cuerpo a la incomodidad (de una espera larga y fría frente al congreso, por ejemplo). Frente al tedio obsceno y melancólico, lo político representa el deseo, la fantasía capaz de enlazar el sujeto a un discurso. Se lo profana no solo cuando se disuelve el sentido desde el cinismo, sino sobre todo cuando se lo falsea desde el fundamentalismo. La creencia forma parte de la esfera erótica de la vida, en cambio "el fanático no cree en nada". Sus actos se basan en la sumisión "al padre del orden", imposible de ser apropiado, es decir, asumido desde un deseo propio. No hay política si no se aprende a reconocer la deuda y heredar. La *transmisión* auténtica debe lidiar con la orfandad, con el vacío en que necesariamente se produce la reapropiación del pasado: porque no hay, en definitiva, padre alguno. La cura consiste en atravesar esa doble experiencia de orfandad y filiación. Quien acata no recibe. El sujeto contemporáneo afronta en ese camino una dificultad particular: la ausencia de ritos. El rito no solo brinda referencias para la filiación, sino que, como advirtió René Girard, canaliza una violencia que de otro modo se desboca.

Pérdida, muerte, erotismo, alteridad, política, sacralidad: nombres con los que este libro delimita un modo de habitar no solo el psicoanálisis. Hay en esos nombres una misma directriz: la de la apuesta, la del salto que se ejecuta sin garantías. Vivir peligrosamente, exigía Nietzsche. Krauss nos recuerda que hay un instante en el cual se deja de llorar. Ese instante indica la apertura a lo nuevo implicada en toda apuesta, la cura como *despertar* de la inercia inherente a la neurosis (Walter Benjamin había fantaseado con un "psicoanálisis del despertar" que acompañara al análisis onírico). Este libro desmiente el mito del psicoanálisis como discurso sobre el pasado e invita al lector a un acto de entrega y de coraje, porque lo único que puede en realidad desearse es perder, cambiar, transitar el letal vacío que tiene en germen la novedad.

LA SEGUNDA PÉRDIDA

Ensayo sobre lo melancólico

Nahuel Krauss

CAPÍTULO I

La muerte que lleva a la vida

"la muerte es la vida perdidosa, mal jugada.
La vida es la muerte dominada".

(Louis Vincent Thomas)

Acostumbramos a pensar la muerte como aquello que pone término a la vida. No obstante, quien cree que morirá, ignora que ya lo está haciendo. La muerte no es tanto el final como aquello que se sienta en nuestra mesa cotidianamente. El recién nacido, en efecto, ya es un muerto en potencia.

De nuestro modo de concebir la muerte dependerá nuestra actitud hacia ella, y de esta, nuestra actitud ante la vida. El rechazo de las cosas de la muerte, reducida a su cara más oscura, empuja al hombre a una existencia absurda, melancólica, tediosa y cobarde respecto de sus actos.[1] Desconoce este último el hecho de que la muerte no es solo lo que se lleva la vida, sino también, lo que lleva hacia ella. Es al hecho de que vivimos de ser mortales a lo que debemos la existencia, y las consecuencias de su rechazo harán de la vida un tiempo a sacarse de encima –como quien dice "matar el tiempo"–, una sucesión de hechos que, pasando por delante de los ojos, jamás devendrán una experiencia. En

---

1 En *La virtud indicativa*, German García comenta "Estación terminal", uno de los relatos con que Bernardo Kordon compone *Manía ambulatoria*: "*Me estoy muriendo, aquí tirado en el sofá y tengo miedo de la crueldad de las cosas. Me rodean con la imposibilidad de quienes desconocen la muerte. Yo parto y ellas se quedan y nunca solas*". Las cosas son inmortales. El cuerpo no. Las cosas, subraya García, solo pueden designarse como inmortales por alguien que se sabe mortal. Se deduce de esto que la palabra muerte es previa a la idea de inmortalidad, que se propone como negación de la primera. El lenguaje introduce la muerte y "*en la vida (de los sentidos) se descuenta esa operación. El cuerpo convierte al sujeto en gallina (cobarde) porque lo anuda a un absurdo amor a la vida*".

pocas palabras, se puede vivir sin existir, y sobre esto haremos girar las reflexiones del presente escrito.

◆ ◆ ◆

No hay sociedad que no haya elaborado sus propios ritos para enfrentar lo que la muerte tiene de inquietante. Debemos domar aquello que Freud definió –junto al sexo– como irrepresentable, *hacerlo entrar* en el dominio de lo social. Louis Vincent Thomas ha dado cuenta de este *"hacer entrar"* en su riguroso y desgarrador estudio titulado *Antropología de la muerte*, en el cual observa que:

> "El negro africano reduce al mínimo la magnitud de la muerte al hacer de ella un imaginario que interrumpe provisoriamente la existencia del ser singular. El negro la transforma en un hecho que solo incide sobre la apariencia individual, pero que de hecho protege la especie social (creencia en la omnipresencia de los antepasados, mantenimiento del filum clánico gracias a la reencarnación), lo que le permite no solo aceptar la muerte y asumirla, y más aun, ordenarla (...) integrándola al sistema cultural (conceptos, valores, ritos y creencias) sino también situarla en todas partes (lo que es la mejor manera de dominarla), imitarla ritualmente en la iniciación, trascenderla gracias a un juego apropiado y complejo de símbolos. En suma, el negro no ignora la muerte. Por el contrario, la afirma desmesuradamente".

La asunción de la muerte es filiación, introducción en la trama generacional, reconocimiento de una deuda simbólica sin la cual la vida se reduce a un puro vacío. De nuestra actitud ante ella dependerá vivir –o no– en el absurdo, en un vacío fuera de tiempo, cuyo ostracismo melancólico no se confunde con la nostalgia ni la dignidad de la tristeza.[2]

2　*"Hoy ha muerto mamá. O quizá ayer. No lo sé"*, pronuncia Meursault, protagonista del *El extranjero* de A. Camus. La novela podría haber terminado ahí, en su primera frase. No importaran los balazos que, ya sobre el final, descarga sobre el árabe. La indiferencia ante la muerte de su madre firmará su condena. La asunción de la muerte es, de este modo, un problema ético. No solo permite apreciar la vida, sino respetarla, antes que nada en el otro.

Pero hay un abismo de distancia entre nuestra actitud ante la muerte y la del negro de África. Los ritos que antes permitían amortiguar la presencia inquietante de ese resto mortal llamado cadáver se han vuelto difusos. El cadáver mismo cobró otra significación, en tanto el aparato simbólico con el que dominábamos a la muerte ha perdido eficacia. Apenas quedan algunos restos del "más allá". El capitalismo, como religión, al paraíso lo promete en tierra. La muerte se sitúa, ahora, en el "más acá". Si en la Edad Media la descomposición del cadáver era supuesta en el después de la muerte, el siglo XX –sobre todo en su segunda mitad– y su culto al cuerpo, la sitúa previa a aquella. Recordemos aquí que, en *El malestar en la cultura*, el deterioro corporal es ubicado por Freud como una de las tres fuentes de sufrimiento del hombre:

> "(...) cuerpo que, condenado a la decadencia y a la aniquilación, ni siquiera puede prescindir de los signos de alarma que representan el dolor y la angustia".[3]

El envejecimiento del cuerpo se vuelve ahora un destino nauseabundo, el viejo –podrido o verde, si es que todavía queda algo de vida en él– ya no es tanto portador del saber y la experiencia como de un cuerpo en vías de putrefacción. Así, el tabú de los muertos nos presenta su cara más grotesca.

En consonancia con lo dicho por Vincent Thomas, en sus *Consideraciones de actualidad sobre la guerra y la muerte*, Freud afirma que

> "(...) nos pretendíamos dispuestos a sostener que la muerte era el desenlace natural de toda vida, que cada uno de nosotros era deudor de una muerte a la Naturaleza y debía hallarse preparado a pagar tal deuda, y que la muerte era cosa natural, indiscutible e inevitable. Pero, en realidad, solíamos conducirnos como si fuera de otro modo. Mostramos una patente inclinación a prescindir de la muerte, a eliminarla de la vida".

Y continúa:

> "(...) esta actitud nuestra ante la muerte ejerce, empero, una poderosa influencia sobre nuestra vida. La vida se empobrece,

---

3   Quizás debamos repensar dicha frase a la luz de la actualidad médica, cuyos ideales apuntan en principio a privarnos de la angustia y el dolor. Es decir, de aquello que da cuenta de que estamos vivos.

pierde interés, cuando la puesta máxima en el juego de la vida, esto es, la vida misma, no debe ser arriesgada. Se hace entonces tan sosa y vacía como un flirt americano".

Trataremos, en las próximas páginas de este libro, de delimitar los efectos que la conciencia de nuestra finitud –aquello que, según Bataille, diferencia al hombre del animal, posibilitando en el primero la experiencia erótica– tiene sobre nuestros actos y el lazo con el otro, al que solo apresuradamente llamamos "social".

Afirmar que el mundo se ha melancolizado no es exagerado. Tampoco preciso. Será nuestro trabajo dar a lo melancólico un lugar que trascienda el campo de lo nosográfico y lo psicopatológico. Esto no nos impedirá extraer de la melancolía, en su sentido clásico, un conocimiento que nos sirva de apoyo para pensar aquellas neurosis vacías, infantiles, asintomáticas, casi sin signo de vida –o mejor, de existencia– alguno. En tiempos actuales, donde lo cotidiano lleva consigo el espesor de lo tedioso, emergen modos de hablar estéticamente monótonos, incoloros, cuyo silencio no es tanto el de la música como el de la mudez. Pero no se trata solo de cuestiones estéticas, a menos que articulemos a esta una ética de la cual es inseparable.

CAPÍTULO II
Lo melancólico

Si de algo parece enfermar el hombre moderno es de no poder enfermar. Una verdad sin esperanza se ha apoderado de él. Una anestesia generalizada, un trastorno del sentir a raíz del cual ni siquiera el dolor puede erigirse como último refugio. *"No me pasa nada"*, afirma. Woody Allen está al tanto de ello cuando escenifica a un hombre que le dice a su médico que está enfermo. Luego de revisarlo, este último le avisa que no tiene nada, a lo que el primero responde que por eso mismo lo está. En fin, que no les pase nada es lo que le pasa.

El desesperanzado, sin proyectos, sin historia, se asemeja así al llamado melancólico, por lo que la melancolía puede devenir un interesante punto de apoyo para pensar al vacío que habita en quienes enferman de realidad por no poder hacerlo de ficción,[4] lo que supone un grado más elevado de elaboración. En efecto, son las neurosis de transferencia otro modo de enfermar, quizás más trágico, quizás más cómico, pero sin duda menos tedioso que el vacío de la existencia.

Intentaremos en este capítulo aproximarnos a una noción de melancolía en un sentido ampliado. El recorrido que haremos sobre dicha posición será sencillamente metódico. Quizás sea mejor referirnos a aquella en términos de "lo melancólico", como si se tratase de un germen que habita lo más próximo de nuestra cotidianidad.

----

4   Quizás, nuestra labor en la vida, consista más en saber enfermar que en curarnos de algo.

El yo como cementerio

Lacan llama objeto "a" a un objeto cuya condición es el lenguaje. Ahora, que dicho objeto sea efecto del simbólico no significa que este llegue a reabsorberlo. Por eso se lo suele ubicar como resto –faltante o sobrante– de una operatoria. Y si alguien se identifica a un objeto que no se integra en lo simbólico, estamos diciendo, en otros términos, que es incapaz de articularse a un discurso, a un lazo, lo que supone un problema para la práctica analítica, que no es más –ni menos– que una forma del lazo social, aunque dicho lazo posea cierta rareza. En efecto, alguien va a un psicoanalista, habla, le paga y se va.[5]

Por otro lado, si tomamos el término discurso en el sentido del relato –incluyendo aquí el lugar correspondiente de lo narrativo–, el melancólico es alguien cuyo modo de hablar es absolutamente monótono. Sus enunciados parecen estar reducidos a nombrar la queja[6] con la que nombra al objeto al cual se identifica. Es decir, su queja es su nombre, y así se presenta. No obstante, conocemos el carácter ambivalente de dicha identificación. En esa queja, a partir de la cual se presenta como un desdichado, el melancólico está insultando. Por esto Freud, que no era ingenuo, decía que le costaba confiar en alguien que hable tan mal de sí mismo, y lo ejemplifica de un modo muy simpático al afirmar que *"la mujer que compadece a su marido por hallarse ligado a un ser tan inútil como ella, reprocha en realidad al marido su inutilidad. Sus lamentos son quejas".*

Entonces, si tenemos a alguien identificado a una queja que nombra el objeto al cual se identifica, sumado al efecto molesto –y angustiante, incluso agresivo– en quienes lo rodean, podemos definir aquí a lo melancólico en relación a una verdad que esquiva lo que esta debe a la mentira, a la metáfora, a las fantasías, a aquello que la ubica entre líneas, o al decir alusivo. Lo melancólico encarna, en este sentido, una perversión de la verdad. ¿No consiste en esto el lugar que los conocidos

---

5 Aun así, lo que se arma a través del dispositivo analítico es una relación. Y esto supone, en principio, que el analista pueda tratar a sus pacientes como personas –y comportarse como una– más que como pacientes, evitando así que los consejos al médico devengan preceptos morales.

6 ¿No usurpa dicho reproche el lugar que en el trabajo de duelo ocupa el recordar?

objetores de conciencia representan para la sociedad que denuncian con su cuerpo? *"El mundo es una mierda"*, gritan, *"y yo soy el mundo"*, les falta agregar. El objetor de conciencia ejerce así una práctica de la objeción, por la que es capaz de dejar su vida para mostrar la verdad en su estado más crudo.

Ahora bien, como afirmé anteriormente, pensar a la melancolía en su sentido amplio, supone poder llevar las conclusiones que de esta puedan extraerse a un campo más vasto, sorteando así el obstáculo que nos significaría una reducción de lo melancólico a un sentido puramente nosográfico, y ubicándola como un punto irreductible de las neurosis.[7]

◆ ◆ ◆

Si el yo freudiano se constituye por identificación a objetos perdidos, ¿no es él mismo un cementerio? He aquí el problema de aquellas prácticas de "reforzamiento del yo", suba de autoestima, etc., porque lo que se fortalece aquí es ese empuje melancolizante, y prometer el restablecimiento del pasado es empujar a eso mismo. Vale recordar aquella frase que Freud lanza al pasar en *Más allá del principio de placer* según la cual el neurótico está enfermo de deseos caducos, insatisfechos... muertos. Américo Vallejo decía, según una anécdota que me fue relatada, que los pacientes llegaban diciendo que ayer estaban bien, que hoy están mal, y que querían que los pongan como ayer. Vallejos les respondía que, en todo caso, podrían estar como mañana, pero nunca como ayer. Es decir, Vallejos introduce el tercer tiempo, proyectivo, rompiendo así con la común tergiversación cultural del psicoanálisis, según la cual "es una terapia donde se habla del pasado". Por supuesto que se habla del pasado. El problema reside en equiparar pasado e historia, posición típica de la ortodoxia historiográfica. De Freud se desprende lo contrario, a saber, que la historia supone una superposición de la temporalidad que rompe con la concepción historiográfica que ubica al pasado como objeto de estudio, al lado del presente, y a este al lado del futuro. En Freud, las

---

7 Si tuviésemos que ceder ante las exigencias nosográficas, no nos ahorraríamos complicaciones. La melancolía puede ser ubicada como límite entre psicosis y perversión, debiendo a la primera su identificación al resto –mierda o cadáver–, y a la segunda el masoquismo ligado al goce de la humillación.

percepciones presentes despiertan recuerdos, complejos, huellas. Y no solo esto, sino que, en lo que refiere al análisis propiamente dicho, los recuerdos que emergen en una sesión emergen en esa sesión, en determinado momento del análisis, y ante un analista. Es decir, en tanto el recordar se da en un análisis, se recuerda para otro. Es en ese punto donde los recuerdos devienen historia, en tanto esta se realiza por dicha mediación. En otros términos, no hay acciones puras. Por eso hablamos de acto más que de acción. Alimentarse, bañarse, hablar, etc... son acciones, por supuesto. Ahora, en tanto dichas acciones se realizan ante la presencia del Otro dejan de ser acciones puras.

Retomando, lo melancólico es respuesta a una pérdida rechazada como tal. Un rechazo (*verworfen*) respecto de aquello que brinda a los objetos el brillo del erotismo, es decir, el falo. Sin esto, la realidad se oscurece, se deprime. Ahora bien, el problema de la depresión es que es un término psiquiátrico, y los psiquiatras son médicos, y los médicos clasifican. El psicoanalista discrimina, que es lo contrario a lo que hace la psiquiatría moderna a diferencia de la clásica, que era, en este sentido, mucho más clínica. En consecuencia, cuando alguien se presenta como sufriendo de depresión habrá que detenerse, habrá que tomarse un tiempo, ya que la depresión, en sí misma no nos orienta. Esta podrá ser melancólica –en el sentido de la psicosis melancólica–, podrá ser parte de lo melancólico en el sentido en que estamos trabajándolo, o podrá ser, simplemente, alguien que está de duelo. Porque en la depresión, lo más común es que la operación del duelo esté en juego, no así en la melancolía. Lo que la depresión nos enseña es que el duelo puede suspenderse. ¿Qué quiere decir esto? Quiere decir que el duelo puede suspenderse en el tiempo de comprender. Recordemos que Lacan ubica tres tiempos, pero solo uno es nombrado como tal: Instante de ver, tiempo de comprender, y momento de concluir. El deprimido podrá quedar suspendido del segundo, aquel que consiste en el desasimiento de la ligazón que petrifica al enfermo fijándolo a una pérdida que no llega a serlo. Se tratará de desinvestir cada uno de los rasgos que constituyen la vestidura del objeto, el amado, la amada, etc., en tanto ideal. En pocas palabras, se tratará de que, siempre que los tiempos de quien sufre sean respetados, el muerto pueda ser desidealizado. En efecto, puede llevar mucho tiempo que alguien que perdió un ser querido pueda decir que era un idiota. El muerto arrastra a los vivos consigo mismo, por eso Marx decía que había que matarlos de nuevo. El segundo tiempo de la pérdida no es la pérdida del instante de ver, ligada al desconcierto, a la conmoción, al no poder creer, sino la del momento de concluir, que es, en sentido estricto, la pérdida que hace al duelo. Una pérdida en tanto tal no es una pérdida sin ese tiempo que media entre aquella y esta última. Por eso Freud, en *Duelo y melancolía*, dice, literalmente, que lo único que puede recetársele a un paciente en duelo es tiempo. De esto se deduce que el duelo, en sentido estricto, es el efecto sorpresa a partir del cual alguien deja de llorar, ya que si llora todavía tiene en perspectiva una posible recuperación del objeto, por lo que la expresión "estar de duelo" es, en cierto sentido, paradojal.

Lo insustituible, o "el otro en tanto tal..."

En *Duelo y melancolía*, la melancolía parece quedar explicada por la negativa del duelo. Y acá ya tenemos un primer punto de interés, muy bien trabajado por Jean Allouch en *Erótica del duelo en tiempos de la muerte seca*. El titulo ya dice mucho, contiene una tesis fuerte: hay una erótica del duelo. Podemos incluso afirmar que el erotismo es efecto de un duelo. Ahora, ¿cuál es el sentido preciso que damos en este contexto al erotismo? El de que el otro pueda ser otro, es decir, que no se reduzca a una mera proyección narcisista y que, por esta misma razón, su ajenidad, su diferente modo de gozar, pueda soportarse y alojarse en la relación. Por esta razón, muchas relaciones duran hasta que cierta extrañeza termina con lo que nunca llegó a consolidarse como tal. Amistades cuyo primer tiempo, intenso y puramente especular, se deshacen a la primera fisura en el espejo, ahí donde justo habrían de comenzar. Un amigo es aquel capaz de soportar la extranjeridad, lo otro que somos para aquel, y aquel del cual soportamos lo otro que él es para nosotros. Un amigo, en sentido estricto, no es el que dice todo que sí, ni todo que no, sino el que nos permite una relación a esa "inquietante familiaridad", y que habilita una distancia que junta, o mejor, una separación que enlaza.

◆ ◆ ◆

Retomemos; que el objeto esté estructuralmente perdido no significa que dicha pérdida no deba redoblarse. Por ejemplo, en el fútbol no alcanza con que un jugador quiebre la pierna a otro para que sea infracción, sino que es necesario que alguien sancione que ahí hubo falta. Entonces, cuando hablamos de duelo por la pérdida de un ser querido, se trataría de un duelo que reenvía a otro duelo. Lo melancólico se nos presenta aquí como el espacio en que uno puede quedar suspendido al faltar el *rito* necesario del reconocimiento de una pérdida, y dicha pérdida atañe al sacrificio de una parte de sí, única e insustituible. Es por esto que Freud afirma que:

> "La melancolía es también una reacción a la pérdida de un objeto amado, que sabe a quién ha perdido, pero no lo que con él ha perdido. La melancolía entonces, está relacionada a una pérdida de objeto sustraída a la conciencia".

"Algo de mí se fue con ella…", dice el tango, y *"ya no hay vuelta atrás"*.[8] El duelo nunca lo es de ningún objeto en particular, sino de la mismísima imposibilidad de sustitución del objeto. Por eso, para Lacan, se trata de un agujero en lo real –operación que define con el término de privación–. Critica a Freud en este punto. No hay sustitución del objeto que se pierde. Eso no existe. Lo que existe es que en la medida en que el objeto se muestre irremediablemente perdido, se muestra como imposible. Y si el duelo puede ser pensado como envés de la forclusión es porque el objeto, en tanto irremediablemente perdido, llama al trabajo simbólico –a la elaboración a la que damos el nombre de "trabajo de duelo"–, a diferencia de la forclusión, donde el rechazo en lo simbólico llama a lo real. Esto afecta a la orientación de la práctica analítica, porque alguien podría pensar que tiene que establecerse el reconocimiento de una pérdida para que haya posibilidad de sustitución, y no la hay. Si el objeto está irremediablemente perdido, ese objeto no es pasible de ser sustituido, es inconmensurable, y lo que queda es ese agujero. En efecto, la introyección, operación simbólica de la que habla Freud, es la introyección de ese agujero. Por eso es simbólica, a diferencia de la proyección, que es imaginaria. Y para Lacan, la incorporación del vacío

---

8   Expresión que pronunciaba una joven que, luego de algunos años de haberse separado, se enteró de que su ex-novio iba a ser padre. ¿Dónde estaba aquel muchacho en el mientras, sino en el freezer?

es el envés del canibalismo. A menor incorporación, más canibalismo.[9] En relación a esta proporcionalidad, un amigo (Pablo Román), sostiene que no es lo mismo el vacío de la existencia que la existencia del vacío. El primero será mayor cuanto menos opere la segunda. Será la trayectoria de un análisis la que colabore en dicho pasaje.

Elogio de la apariencia

En *El prójimo y lo abyecto* Carlos Quiroga recuerda que la primera prohibición es la del canibalismo, la de la injerencia sobre los cuerpos. Decimos que el ser humano existe desde que existe la sepultura. Esta es una marca, no de una sustitución del objeto, sino de un vaciamiento. *"La tumba de Moisés está tan vacía para Freud como la de Cristo para Hegel"*, afirma Lacan, porque de lo que se trata es del vaciamiento de la tumba. El autor llega a afirmar que Hamlet está más cerca de la melancolía que de la histeria o la obsesión. Ahí donde nosotros vemos la tumba, los semblantes, el príncipe de Dinamarca no ve otra cosa que carne corrompida, gusanos que devoran, etc. El melancólico rechaza todo tipo de semblante, en el sentido de la apariencia.[10] Por esta razón, Freud afirmaba que aquel está más cerca de la verdad que otros sujetos. Es una afirmación engañosa, ya que podemos decir que está tan cerca como tan lejos de ella. La verdad que nos interesa –la que lleva a la vida– está más cerca de la poesía y las ficciones que de la ciencia. "¡Es la realidad!", exclama el melancólico, quien entiende demasiado rápido, sustrayendo a la verdad lo que ésta le debe al tiempo. Ataca así al lazo social, porque para que este exista, hace falta que se soporte el desconocimiento de la lógica en la que se sostiene.

Si propusimos la expresión de "lo melancólico" para extender los límites de lo que la melancolía nos enseña, es por el hecho de que, este fenómeno de desmembramiento de la lógica de los semblantes es imposible de reducirlo a una estructura clínica, y ni siquiera a una posición subjetiva particular. Hay quienes no pueden disfrutar de un asado por

---

9   Esta es la tesis retomada por Carlos Quiroga en su libro *El prójimo y lo abyecto*, al cual el lector puede remitirse.

10   La noción de semblante es lo suficientemente compleja como para desarrollarla en esta ocasión. No posee una traducción directa al español, por lo que se la ha traducido como "apariencia", pero una apariencia tan necesaria como real.

ver en la mesa un animal muerto, o en la carne a punto un cuerpo ensangrentado. ¿Debemos concluir que se trata de una melancolía apresuradamente? ¿No es, dicho modo de percibir, de sentir, de hablar, aun en sus formas más variadas y sutiles, un fenómeno mucho más recurrente y cotidiano que la melancolía como tal? Cuando Lacan dice que Marx inventó el síntoma está, entre otras cosas, afirmando que en tanto se desmenuza la lógica que subyace un fenómeno, este fenómeno pierde su eficacia. Lo melancólico, al desmembrar la lógica que subyace al lazo social, no produce más que su ruptura, deshaciéndolo tal como el síntoma se deshace al resolverse.[11] Quizás por esto mismo Freud diga sobre su imposibilidad de amar: ¿cómo podemos amar a alguien si no desconocemos la lógica que subyace al lazo amoroso? ¿No es incluso el aburrimiento lo que se desprende de este modo de satisfacción pulsional grotesco, vacío del gusto de las fantasías? La graduación melancólica de alguien podría calcularse por el aburrimiento que es capaz de provocar en sus interlocutores, es decir, por la sangre que les absorbe. Hay quienes lo hacen muy rápidamente. Adentran en detalles innecesarios, carecen del don de la elipsis y la fluidez propia de la narración. Vale mencionar aquí una anécdota de Winnicott, a quien un sacerdote le consulta por cómo diferenciar quien tiene problemas de fe del que tiene problemas psiquiátricos. Winnicott le responde que si sienten que una persona los aburre, necesita ser tratado psiquiátricamente, y si esta logra mantenerlo interesado, podrán ayudarlo.

---

11 Podemos preguntarnos aquí por qué el melancólico enferma. Si solemos enfermar en vías de ignorar una verdad, como puede ser que lo haga aquel que parece conocerla. Es evidente que no se trata de los mismos niveles de verdad. Ahora bien, ¿No estaremos bordeando, en esta relación de lo melancólico con la verdad, la típica ausencia de síntomas en dichas presentaciones clínicas? Por otro lado, ¿No es necesario poder duelar para enfermar de otra cosa? O quizás… ¿No se entra a la neurosis por el camino del duelo? Queda claro entonces que enfermar no es necesariamente un acto de contracción de síntomas. Podría afirmarse, incluso, todo lo contrario.

CAPÍTULO III

El otro, sostén del deseo

> *"La multiplicación altera un estado de simpli-*
> *cidad del ser: un exceso derrumba los límites*
> *y lleva de alguna manera al desbordamiento.*
> *(...) Siempre se da un límite con el cual el ser*
> *concuerda. Él identifica ese límite con lo que*
> *es. Es presa del horror cuando piensa que ese*
> *límite puede dejar de ser".*
>
> *(G. Bataille,* El erotismo*)*

El efecto segregativo de ciertas nociones clínicas obstruye nuestro entendimiento de la misma. Si fenómenos de despersonalización o pánico se presentan en un paciente psicótico, por ejemplo, se lo tratará en términos de "estabilizado" o "desestabilizado". Lo "estabilizado" de este tipo de pacientes se contrapone al "anudamiento", recurso más sofisticado con el que es común referirse a la neurosis. No obstante, si seguimos a Lacan, citado por Maleval en *Locuras histéricas y psicosis disociativas*, se observa que

> "(...) algunos ven en los fenómenos de la despersonalización signos premonitorios de desintegración, siendo que no es en absoluto necesario estar predispuesto a la psicosis para haber experimentado mil veces sensaciones análogas".

En este mismo sentido, ¿no se ha menospreciado durante años a lo imaginario, recurriendo a este último término para desmerecer una amplia gama de fenómenos clínicos? Asimismo, estamos lejos de poder negar la existencia de estados de desestabilización del imaginario en las neurosis. Si menospreciásemos la importancia de dicho registro, correríamos el riesgo de pecar de "falta de tacto" y de conmover demasiado rápido el narcisismo de quien nos visita sin que éste tenga de dónde sujetarse. Retomaremos esto más adelante, no sin antes situar algunas coordenadas que nos permitan pensar los fenómenos referidos anteriormente.

Exceso y desorden

Levi Strauss afirma que, en cierto momento, el hombre se larga a hablar. Expresiones como "¡se largó a hablar de una!", sugieren que no hay un aprendizaje gradual del habla, sino que, repentinamente, un corte parece dar rienda suelta a dicha capacidad. Una acumulación significante empuja al estallido de un aparato que es puesto a trabajar a partir de la extracción de un significante que el antropólogo llamará "cero". El significante cero habilita el funcionamiento de la cadena y el ordenamiento de las vías simbólicas donde la metabolización de un excedente acumulado se hace posible.[12]

Un joven, al que atendí en una institución, relataba cómo era obligado por su padre a robar en hogares: *"entramos a robar con mi padre, mi hermano, y X"*, decía, pronunciando aquí su nombre. Es necesario que en cierto momento algo se extraiga y permita el funcionamiento del aparato, operación que permitirá al sujeto descontarse del campo del Otro y así poder decir "Yo". Es decir, el sujeto, en tanto existente, es hijo de un rechazo –aunque no de un repudio–, ya que hablar, tomar la palabra, en tanto acto, supone traicionar nuestro lugar de origen.

◆ ◆ ◆

La lucha pulsional es primaria. Los complejos son las vías de ordenamiento del afecto desparramado de un caos originario.[13] El orden simbólico y su puesta en función a través de complejos –Edipo, intrusión, destete– ordenan el desborde pulsional[14] que aniquilaría al sujeto al quedar este último frente a la irrupción desmedida de una tensión para la cual ningún tipo de respuesta, ni siquiera la huida, es suficiente. Es decir, el desamparo del sujeto no es ante un hecho exterior, ante el que no habría nada que hacer, sino respecto de las propias pulsiones,

---

12 Por algo es llamado "cero", número cuya extracción funda el conjunto de los números naturales, excluyéndose de la cadena.

13 Si esto último fuese cierto, si el desborde precede el ordenamiento que los complejos, la familia, la política, metabolizan. Así, siguiendo a Freud, la guerra precede a la política, inversamente a la idea fundamental de Carl von Clausewitz.

14 Recordemos que en el texto de "la familia", Lacan afirma que el complejo es la primera traducción de un instinto en una intención mental.

por lo que no se trata tanto de que uno tiene miedo, sino que "se" tiene miedo. Dicha forma de concebir al desamparo nos aleja de cualquier concepción ambientalista del asunto. No se trata de que la madre se va y el niño tiene miedo de que no vuelva porque siente hambre. Sino que, en principio, el temor se produce ante un hambre que en sí mismo devora. Será el lazo social, la relación a un discurso, el único modo de tratar con dichas fuerzas.[15]

El ataque de pánico supone en su denominación un temor que no se equipara al miedo, del que vale aclarar que se diferencia no tanto por una cuestión cuantitativa sino cualitativa. En efecto, conocemos la función de alerta con la que el miedo cuenta. Esta última permite cierta orientación de la que el pánico carece.[16] Cierta vez, una mujer que sufría ataques de pánico me comentó que su marido le había pegado un grito en medio de uno de sus ataques. Comentó que dicho grito la había calmado, para luego agregar que éste, cuando se enoja de ese modo, le genera cierto temor. "*...el temor que me provocó me hizo olvidar del pánico*", afirmó entre risas. Por supuesto que no se trata de asustar a los pacientes que tienen dichos ataques, lo que sería bastante ridículo, sino subrayar los diferentes grados de subjetivación que hay entre lo uno y lo otro. Dicho "susto" introdujo en ella un otro terrible, maltratador, manipulador, violento, etc. Ya no se trata aquí de una angustia sin soporte. La angustia no es el miedo, ya que, en éste, la referencia externa orienta y organiza –topológicamente hablando– el espacio del sujeto.

◆ ◆ ◆

En *Inhibición, síntoma y angustia*, Freud afirma que:

> "El «mimo» del niño pequeño tiene la indeseable consecuencia de hacerle poner por encima de todos los demás peligros el

---

15 En un libro llamado *El Pánico*, el sociólogo Jean-Pierre Dupuy explica al pánico como lo que se desata al deshacerse la cohesión social.

16 Podríamos afirmar en este punto que lo que le falta al pánico es la fobia. Esta última ofrece, en el objeto fóbico, coordenadas imaginarias que permiten la huida o defensa frente a aquel. La fobia resguarda, asegura, protege, localiza el desborde angustiante delimitando un imaginario a punto de desmoronarse. La agorafobia es un claro ejemplo de cómo la fobia sitúa un adentro-afuera, asegurándole al sujeto una morada particular. ¿A dónde se sentiría el agorafóbico seguro sin su fobia?

> de la pérdida del objeto –del objeto como protección contra todas las situaciones de desamparo. Favorece, por tanto, a la permanencia en la infancia, a la cual es propia el desamparo, tanto moral como psíquico".

Ese "mimo" del niño debe leerse como el "malcriar" al niño. En efecto, ésta es la expresión que aparece en otra de las traducciones de su obra. Lo interesante de este pasaje es que Freud ya no refiere al temor de perder un objeto capaz de satisfacer necesidades, sino al temor ante la pérdida de su amor, amor que protege ante el desamparo y que Freud liga a la permanencia en la infancia.[17] Esta permanencia deja al sujeto ligado a una necesidad de amor excesiva respecto de aquel Otro prehistórico cuya nostalgia remarcará en más de una ocasión. A este Otro, Freud lo llama madre. Pero ya no es la madre como aquella capaz de satisfacer una necesidad. Ni siquiera se trata del temor a perder a la madre, sino el de su amor protector. Es decir, ya no se trata del temor a que la madre, al ausentarse, pueda volver o no. No se trata del temor a si deja de existir o no. Se trata de su amor, lo que supone un grado más elevado de subjetivación. Asimismo, el cariño puede perderse, aunque el objeto exista o no, se perciba o no, se ausente o no. En otros términos, ya no se trata tanto del objeto como de una cualidad de éste.

La despersonalización suele responder a cierto tropiezo del Otro, en el sentido de que las referencias, o mejor, las coordenadas espacio-temporales por las cuales nos orientamos, son puestas en suspenso. Uno no sabe bien para dónde ir, ni cuánto tiempo pasó. Ahora bien, no todo fenómeno de despersonalización supone el pánico. Se puede salir de una sesión y caminar cinco cuadras para otro lado y eso no supone pánico. Lo que suele aparecer en este último, a diferencia de otros fenómenos de despersonalización, es el temor a la muerte o al enloquecimiento. De lo que se trata es de una angustia que amenaza con aniquilar al ser. Retomaremos esto párrafos adelante. Solo interesa aclarar que el miedo a morir, a matarse, a enloquecer, propio del "pánico", no identifica el objeto al que se le teme. Es en este punto donde se requiere

---

17 Dicho desamparo, término que Freud introduce en el "proyecto…", es una de las primeras referencias al deseo en la obra freudiana, ya que se trata de un "sin recursos" para el sujeto. El amor de la madre, la permanencia en la infancia, protege ante esto mismo.

apoyo por parte del semejante, el grupo, la institución, que protegen del vértigo propio de la absorción del vacío y de la agresividad propia de la infatuación.

La plétora

Podemos afirmar que, tanto en *El erotismo* como en *La parte maldita*, George Bataille tiene una teoría de la angustia. Hemos hecho referencia a este tema en otra ocasión.[18] Veámosla.

En *La parte maldita*, a diferencia de la clásica concepción de la economía como administración de recursos existentes, Bataille acentúa la administración de excedentes. No es que haya pocos recursos que hay que administrar lo mejor posible, sino que hay un exceso que debe ser gastado (gasto improductivo) y repartido de manera adecuada.

El autor pone el ejemplo del sol, fuente de energía constante que hace a la expansión de las formas vivas que se proliferan por el espacio:

> "Se puede hablar de presión en el sentido de que, si por cualquier medio, creciera el espacio disponible, este espacio quedaría inmediatamente ocupado de la misma forma que el espacio vecino" (Bataille, 1987).

Ahora bien, Bataille aclara que, por más excedente que haya, y por más crecimiento que las formas vivas puedan llegar a tener, éstas tienen un límite. El crecimiento tiene un límite, el excedente no, y debe ser eliminado:

> "Esta presión no puede ser comparada con la de una caldera cerrada. Aunque el espacio esté totalmente ocupado, aunque no tenga salida por ninguna parte, no estallará", concluyendo que: "Su extrema exuberancia se expande en un movimiento siempre al borde de la explosión" (Bataille, 1987).

¿No es este *"al borde la explosión"* lo que, de variadas formas, se hace escuchar en el desborde angustiante de ciertas personas? Es aquí donde Bataille recurre a la noción de plétora, en tanto sobreabundancia de sangre u otro tipo de líquidos en el organismo o alguna de sus partes. En la plétora, afirma, *"el ser pasa de la tranquilidad del reposo a un estado de*

---

18 Véase: Krauss (2016), *Hambre y amor*.

violenta agitación". Esta violenta agitación nos aproxima a la sensación de muerte del pánico. Cito:

> "La angustia elemental vinculada al desorden de la sexualidad es significativa de la muerte. La violencia de ese desorden, cuando el ser que la experimenta tiene conocimiento de la muerte, vuelve a abrir en él el abismo que la muerte le reveló. La asociación de la violencia de la muerte y la violencia sexual tiene ese doble sentido" (Bataille, 2007).

Bello pasaje batailleano donde, hermanándose con Freud, liga la crisis del desborde sexual a la violencia de la muerte. Como aclaramos previamente, siempre se trata del temor a las propias pulsiones, a la propia violencia, a la inminencia de un desborde que amenaza desde adentro. El aparato fantasmático permitirá tomar cierta distancia al respecto, articulando la violencia de la pulsión a la fantasía de un seductor, violador, castrador, manipulador, o cualquier tipo de figura que pueda identificarse.

La catástrofe

Al preguntársele a una mujer por la razón de su consulta, en una primera entrevista, solo puede nombrar la frase *"estoy desbordada"*. Su hermana, de quien muestra su foto y apenas la nombra, padece una leucemia que, habiendo estado estable durante el último año, parece haber virado en una leucemia aguda que anticipa un final nada favorable. Expresiones del tipo *"Tengo miedo de tirarme debajo de un auto"* –tener(se) miedo– me intranquilizan. *"No me reconozco" "siento que la gente que me rodea es extraña"*, describen un estado de despersonalización donde lo único que parecen esperar es límite y contención. *"Esto no puede estar pasando, ¿por qué no me paso a mí?"*. El *"no poder creer"*, *"no puede estar pasando"*, son el testimonio de un desborde de angustia, de una ruptura del lazo con la realidad –o mejor, con las coordenadas que la mantienen estable– ante la irrupción de un acontecimiento trágico por inesperado. Comienza a nombrar diversas quejas en relación a su otra hermana y sus padres, que nada hacen por su hermana, y el peso que sobre ella recae al hacerse cargo de toda la situación, acompañándola todos los días durante más de ocho horas diarias. Pienso en citar a sus hermanas y le sugiero que no se cargue sobre sí toda la situación. Yo mismo estaba totalmente desorientado. En efecto, ¿cómo puedo sugerir que no cargue sobre sí el estado crítico de su hermana? ¿No está indicando su modo de posicionarse ante tan trágico acontecimiento, el lugar que aquella persona tiene para ella? O, más precisamente, ¿no indica esto el lugar que la paciente misma tiene y tuvo para su hermana, y no para el resto de sus familiares? *"No puede ser que sea la única de mi familia que se sacrifique así por mi hermana"*. ¿Y quién más podría serlo?, ¿quién más podría encontrar en ella el lugar en que se sostiene su existencia?

Efectivamente, se trataba de un sacrificio. Ya lo mencionamos. Los muertos arrastran consigo a los vivos. En relación a esto, vale un agregado respecto al dolor, problema con demasiadas complejidades como para tratarlo en esta ocasión, aunque atraviese, no tanto en mención como en uso, de la primera a la última página de nuestro trabajo.

Es común suponer que nos duele perder a quien amamos. Es cierto, pero es necesario precisar que dicha persona, o mejor, "en" dicha persona, se sostiene aquello con lo cual sobrellevamos lo que, dice Freud, es lo más difícil de soportar. Me refiero a la vida. La partida de aquel a quien amamos pone en riesgo la firmeza de dicho sostén, al que Lacan le atribuye la función de ser soporte del deseo. La desaparición del ser amado es pérdida de todas las relaciones que a él me unían, aquello con lo cual podía definirme, aquello que es parte de mí. Así, privado ahora del espejo de su mirada, vivo la experiencia más cercana a la muerte. Tenemos razones aquí para retomar lo dicho capítulos atrás. Lo melancólico carece de la posibilidad de dicha vivencia en tanto ésta supone una relación específica al otro. La muerte del otro significativo es pérdida de la relación con uno mismo, afirma L. V. Thomas en su *Antropología de la muerte*, concluyendo que "*...el otro que muere, muere ya mi propia muerte*". Este "morir la propia muerte" es aquello que lo melancólico no logra.

Nuestra precisión se dirige entonces a poner el acento no tanto en el agujero que la persona amada deja, sino en el lugar que se deshace al ser aquella un soporte indispensable ante el sinsentido. Si la función de soporte del deseo se cancela, resta un deseo crudo, un deseo sin fantasía en que apoyarse, un deseo loco y enloquecedor.

Entonces, el dolor psíquico no se debe tanto a la pérdida de la persona, no es tanto su ausencia lo que duele, sino las consecuencias de dicha ausencia. No se sufre tanto por la desaparición del otro sino por el propio deseo, ahora desatado, privado de la fuente que para éste era la mirada, la voz, el cuerpo del amado, es decir, aquello que lo vuelve por completo insustituible.

◆ ◆ ◆

Retomemos lo afirmado párrafos atrás, a saber, que la angustia de la que se trata en los casos de "crisis" es angustia real. Y a diferencia de la angustia de castración, ésta afecta directamente al ser. La angustia de castración recae sobre el tener. La real supone un peligro respecto la propia existencia. No se trata entonces de amenazas que recaen sobre el órgano sino sobre la propia vida. Cuando el otro sostiene la función de la falta para alguien, sostiene su existencia, y su caída pronostica la catástrofe.

Sin recurrir a un ejemplo tan extremo como el del agujero efectivamente real que deja la pérdida de un ser querido, las separaciones en cierto tipo de relaciones amorosas llegan a tener un efecto catastrófico comparable al de una muerte. Vale aquí la referencia a Roland Barthes, que en sus *Fragmentos de un discurso amoroso* define la "catástrofe" como:

> "Crisis violenta en cuyo transcurso el sujeto, al experimentar la situación amorosa como un atolladero definitivo, como una trampa de la que no podrá jamás salir, se dedica a una destrucción total de sí mismo."

Y continúa:

> "La catástrofe amorosa está quizás próxima de lo que se ha llamado, en el campo psicótico, una situación extrema, que es «una situación vivida por el sujeto como algo que debe destruirlo irremediablemente»; la imagen surge de lo que pasó en Dachau. ¿No es indecente comparar la situación de un sujeto con mal de amores a la de un recluso de Dachau? Estas dos situaciones tienen, sin embargo, algo de común: son, literalmente pánicas: son situaciones sin remanente, sin retorno: me

> he proyectado en el otro con tal fuerza que, cuando me falta,
> no puedo recuperarme: estoy perdido, para siempre".

Barthes compara el punto de "no retorno" de una ruptura amorosa con el agujero que produce una tragedia como el holocausto. En ambos casos, "estamos perdidos". Cancelada la función de soporte de la falta que el otro ofrece, las coordenadas del imaginario se deshacen bruscamente.[19] Por esta razón, en los campos de concentración no se le avisaba a ningún prisionero sobre la muerte de un ser querido del otro lado del campo. Los nazis estaban lo suficientemente advertidos de que la esperanza del reencuentro con sus seres queridos les servía para mantener produciendo al prisionero.[20]

En conclusión, la desorientación del imaginario es, por un lado, la desorganización de la realidad toda. Desde no saber el lugar donde estamos parados hasta el encierro en un instante en el cual tememos estar condenados a vivir. El cuerpo se extraña, en su sentido nostálgico, pero también en el de devenir una extrañeza, perdiéndose, separándose de sí mismo, y recuperándose, quizás, en la dimensión del abrazo. ¿Acaso no expresa, el padre que pierde y reencuentra a su pequeño hijo, el efecto de dicho reencuentro como un retorno del alma al cuerpo a partir de la envoltura del abrazo?

---

19 En efecto, y retomando nuestra primera referencia, Jean Claude Maleval, en *Locuras histéricas…*, advierte que la noción de desestructuración del yo evita distinguir *"(...) el síndrome de despersonalización, por una parte, de los trastornos del esquema corporal, por otra; se trata, en ambos casos, de una perturbación de los puntos de referencia del conocimiento especular, la cual puede extenderse más allá de estos fenómenos (...)"* (Maleval,1980).

20 El caso más extremo de quienes ya nada tenían que perder en dichas situaciones es encarnado por los "musulmanes", figura que Agamben desarrolla en su libro *Lo que queda de Aushwitz.*

CAPÍTULO IV
Cuando los muertos lo ignoran

"¿Cómo pude no sentir que la eternidad,
anhelada con amor por tantos poetas, es un
artificio espléndido que nos libra, siquiera de
manera fugaz, de la intolerable opresión de lo
sucesivo?".

(J. L. Borges, Historia de la eternidad*)*

Una mujer cumplía sesenta años el día en que vino a verme. Comentaba que no le pesaba en absoluto su cumpleaños ni la idea del paso del tiempo. Luego preguntó: "*¿Qué puede asegurarme que me voy a morir?*". Dicha pregunta no tiene respuesta.[21] En efecto, según Freud, nada hay en el inconsciente que la contradiga.[22] Pero que nada la contradiga no significa que las pérdidas que hayan sido simbolizadas como tales –castración–, es decir, como segunda pérdida –única en la que algo se pierde–, no hagan que la mínima sospecha sobre nuestra inmortalidad nos parezca más que delirante e irrisoria. Ahora, si podemos dudar de la creencia en que vamos a morir, ¿no podemos también dudar de que estamos vivos? En otros términos, ¿no es la pretensión de una vida eterna, el sufrimiento de una muerte constante?

◆◆◆

En 1880, el psiquiatra Jules Cotard describe el caso de Mademoiselle X, una paciente que negaba tanto la existencia de determinados órganos de su cuerpo como la necesidad de nutrirse. Estos pacientes, comenta

---

21 Vale recordar aquí las palabras que Lacan dedica a la muerte en una de sus conferencias: "*La muerte entra dentro del dominio de la fe. Hacen bien en creer que van a morir, por supuesto. Eso les da fuerzas. Si no lo creyeran así, ¿podrían soportar la vida que llevan? Si no estuvieran sólidamente apoyados en la certeza de que hay un fin, ¿acaso podrían soportar esta historia?*" (Jacques Lacan).

22 Recordemos que, para Freud, en nuestro inconsciente creemos firmemente en nuestra inmortalidad. ¿No es éste, acaso, otro modo de decir sobre su atemporalidad?

Cotard, pueden incluso presentar alucinaciones cenestésicas y olfativas, a raíz de las cuales sostienen con firmeza que gusanos merodean por su cuerpo, y que éste huele a podrido. La paciente de Cotard decía estar *eternamente* condenada a la vida que llevaba, y no creía en modo alguno en la muerte natural.

Si una figura mítica sabe metaforizar dicha eternidad, esa es la del vampiro. Dicha figura contiene diversidad de rasgos que permiten interesantes especulaciones teóricas en las cuales no me distraeré demasiado. Alimentarse del cuerpo del otro; ausencia de reflejo de su imagen en el espejo; ausencia de necesidad de dormir (insomnio), entre otros.

Lo que interesa situar es su resistencia a morir. El vampiro desconoce su mortalidad. Esta muerto, aunque no lo está, y sufre por ello. Sufre por ignorar la muerte que el lenguaje introduce, la que lo liberaría de la eternidad de un cuerpo sin vida, condenado a la absorción de la sangre para no pudrirse.

En 1897, Bram Stoker publica *Drácula*. No le adjudicamos a Stoker la invención de la figura mítica del Vampiro –que data de la antigua Grecia–, pero sí la invención del Vampiro más famoso y de mayor trascendencia de todos los tiempos. Gran cantidad de directores de cine tomaron su Drácula y lo adaptaron a la pantalla grande. Entre ellos, Werner Herzog, cuyo Nosferatu –interpretado por Klaus Klinsky–, reflexiona sobre el horror que la imposibilidad de morir conllevaba. Envidia a los vivos la posibilidad de amar y de desear más allá de su sed de sangre, que es la vida que le falta por no poder morir. Así, el sentimiento de inmortalidad en la figura vampirezca tiene su correspondiente retorno en la alucinación de la muerte por vía oral. Al no realizarse la muerte por vía simbólica, aquella que hace entrar al cuerpo en la cadena significante, retorna en la voracidad de la pulsión oral. Por esto, algunas culturas consideraban que la sangre no era la base de su sustento sino el "*fluido vital*" humano o la energía psíquica.

"*Ustedes le temen a la muerte porque le es inesperada*", dice el Nosferatu. ¿Hay muerte que no lo sea? No me refiero al anuncio que una enfermedad pueda hacernos al respecto, sino a que lo que ésta tiene de imposible hace de ella un acontecimiento inesperado por definición. ¿Cómo podría esperarse algo de lo que nada podemos representarnos? Al vampiro no le es previsible, y por eso la espera, y la envidia, que es lo que mejor sabe hacer un vampiro, así como vampirizar es lo que mejor hace un envidioso.

El vampiro ignora la mortalidad que le permitiría el uso del símbolo si contase con él, aunque la mortalidad de su cuerpo ya ha acontecido. La palabra no mató la cosa, y si ésta no toca la carne, el hombre no se hace un ser histórico, un ser en el tiempo, finito, diferenciado de la eternidad en la que yacen tanto los ángeles como los animales:

Expresa Alexander Kojeve en *La idea de muerte en Hegel*:

> "La «vida del Espíritu» no es la que se espanta ante la Muerte y se preserva del estrago, sino la que soporta la muerte y se mantiene en ella. Es que el Espíritu es el Ser revelado por la palabra (...) pero únicamente cuando toma conciencia de su finalidad, y por tanto de la muerte, el hombre asume en verdad su autoconciencia. Pues es finito y mortal".

El vampirismo es fracaso –rechazo– de la división que implica el uso del símbolo. Que el significante no se signifique a sí mismo, que necesite de otro significante, implica que uno, al hablar, no sea. En este sentido, al hablar, rozamos la muerte. Esta pérdida de goce –de ser– hace imposible el principio de identidad aristotélico. Si la palabra no alcanza la cosa, sino que va en retraso respecto de ella, hablar es un acto que no va de suyo, ya que supone asumir la imposibilidad de alcanzar la verdad más que por la metáfora. Por el contrario, la equivalencia entre ambas obtura el intervalo, el tiempo, que la diferencia significante supone. El sujeto no encuentra lugar en una lógica que ya no es la del significante, sino la del signo, lo que supone una diferente relación a la verdad. En efecto, en *Lo verdadero, lo falso y el resto*, Jacques Alain Miller distingue dos teorías diferentes de la verdad: la especular y la articulatoria. En la especular, que en cierto sentido se desprende de la teoría del signo, la verdad aparece en un sistema de representación en el que cada palabra corresponde a una idea que puede ser comunicada a otro. La articulatoria, por el contrario, se encarga de la emergencia de la verdad en la articulación interna del discurso, y no como correspondencia de palabra y una cosa, idea o estado del mundo. Es en esta concepción donde pueden tener lugar el síntoma y el campo de verdad que funda el descubrimiento freudiano. Por esto, en la teoría articulatoria, no se trata tanto de verdad como de efectos de verdad. Y por esto, también, la verdad en psicoanálisis no es sin la articulación al fantasma del analizante, lo que supone al tiempo.[23]

Lo semiótico y lo semántico

En su bellísimo libro titulado *Infancia e historia*, Giorgio Agamben retoma la diferencia entre lengua y discurso. Dicha escisión, dice, es propia del lenguaje humano. Agamben, apoyándose en Benveniste, afirma que lo que distingue al hombre de cualquier animal no es la lengua, sino la división entre lo semiótico y lo semántico, o entre sistema de signos y discurso. Es sabido que los animales tienen lenguaje. Las abejas saben qué hacer para indicar dónde queda el alimento. Su danza adopta diferentes formas según quieran indicar su distancia u orientación. No obstante, no pueden transmitir un mensaje de una colmena a otra. Masotta agregaba que tampoco podían hacer chistes. Si una abeja hiciese una danza indicando que el alimento está para la izquierda cuando en realidad está para la derecha a esa abeja la matarían. En este sentido, las abejas son fascistas, rígidas, presas de un sistema cerrado de lenguaje que, como todo sistema cerrado, no cuenta con la función de la pérdida. Hay una relación entre la animalidad humana y la literalidad tal como la abordaremos más adelante. Las abejas no tienen sentido del humor. La lengua del animal es la de la comunicación pura, sin quiebres, lengua que no por habitarla nos supone habitantes, en tanto no se produce acto de apropiación de ella alguno:

> "Los animales no entran en la lengua, están desde siempre en ella. El hombre, en cambio, en tanto que tiene una infancia, en tanto que no es hablante desde siempre, escinde esa lengua una y se sitúa como aquel que, para hablar, debe constituirse como sujeto de lenguaje, debe decir yo".

Ya hemos hecho referencia a este decir "yo". El animal, en tanto ligado a lo natural, es lengua sin habla. En la diferencia entre lengua y

---

23 Alguien puede presentarse, luego de varios análisis, con la apariencia de un analizado que nos relata sus problemas incluso en términos edípicos. ¿Alcanza con esto? ¿Vale tomar en serio lo que pueda decirnos sin que haya una articulación al fantasma, a través de un sueño, lapsus, e incluso cuando lo que nos esté diciendo sea totalmente cierto?

habla el hombre encuentra la discontinuidad, la ruptura que lo humaniza: *"En esa diferencia, en esa discontinuidad, encuentra fundamento la historicidad del ser humano"*. El vampirismo, su vacío existencial, es la marca de la deshistorización del hombre, donde la dimensión discursiva se olvida y lo semántico se diluye en lo semiótico.

Si el hombre naciese sin infancia, agrega Agamben, hubiese estado desde siempre provisto de lenguaje. Esto último le arrebataría la posibilidad de decir "yo", de ejercer el acto de apropiación –es decir, el parricidio– necesario ante el cual el hombre se apropia de la lengua y toma la palabra. Sin este tiempo, el hombre se reduce a un ser sin infancia, en tanto ésta introduce y permite la experiencia de la diferencia entre lengua y habla. En otros términos, la historia es aquí intervalo, tránsito, pasaje de lengua a discurso, y este intervalo es nuestra morada.

Agamben cita a Benveniste:

> "El mensaje no se reduce a una sucesión de unidades identificables separadamente; no es una suma de signos la que produce el sentido, sino que, por el contrario, el sentido, concebido globalmente, es el que se realiza y divide en «signos» particulares, que son las palabras... El orden semántico se identifica con el mundo de la enunciación y con el universo del discurso. (...) lo semiótico se caracteriza como una propiedad de la lengua, lo semántico como una actividad del locutor".

Es decir, en la línea de la enunciación y lo semántico, al situar la actividad del locutor, lo que se ubica es el acto de apropiación que se le exige al humano para que su hablar no se reduzca a un relato vacío, a una simple y monótona sucesión de fechas, nombres o citas, modo de hablar propio de la debilidad mental, que evita la entrada de la lengua en acción como discurso:

> "El hecho de que el hombre tenga una infancia (que para hablar necesite despojarse de la infancia para constituirse como sujeto en el lenguaje) rompe «el mundo cerrado» del signo y transforma la pura lengua en discurso humano, lo semiótico en semántico. En tanto que tiene una infancia, en tanto que no habla desde siempre, el hombre no puede entrar en la lengua como sistema de signos sin transformarla radicalmente, sin constituirla en discurso".

Apropiarse, en este sentido, es ejercer una transformación de la lengua. Es lo que hizo Lacan con Freud. Dicha transformación implica que algo es tomado, incorporado y devuelto de un modo en que lo incorporado no es reconocible en relación a su forma primera. Lacan, al apropiarse de Freud, lo devuelve de un modo en que ni los ingleses ni los alemanes podían reconocerse. Es decir, las formas de apropiarse de algo no necesariamente conllevan una transformación, sino que pueden quedar limitadas a la mera reproducción de lo supuestamente apropiado.

◆ ◆ ◆

Para concluir, vale remarcar que, según la etimología, "Vampiro", en francés e inglés ("Vampire"), desciende del alemán y proviene de voces eslavas, como Wampir y Upi, cuya raíz significa lobo. Por eso la licantropía, que es un tipo de locura psiquiátrica, junto al vampirismo, refiere al hombre que se cree lobo. Aunque hoy en día se refiere a cualquiera que se crea un animal de cualquier tipo, un licántropo.

En la mitología griega, Licaón era rey de arcadia, aunque otras versiones lo hacen hijo de Titán y Gea. Ovidio afirma que llegó al punto de sacrificar a todos los extranjeros que llegaban a su casa. Había muy malos rumores sobre el trato de Licaón a los extranjeros. Se rumoreaba que violaba la ley de hospitalidad. Entonces, los rumores llegaron a Zeus, y éste se transformó en peregrino y se infiltró en el palacio. Licaón lo puso a prueba, matando a uno de sus tantos hijos, y entregándolo como comida. Si se daba cuenta, efectivamente, se iba a tratar de un dios. Y así fue. Zeus enfureció y lo convirtió en hombre lobo.

Entonces, Licaón, padre genitor, duda de la eficacia del padre simbólico universal, el dios Zeus. Es como si le dijese, ¿sabrá nombrar la comida que le estoy sirviendo? Licaón, pone en tela de juicio la eficacia de lo simbólico. En este proceso de devoración, entonces, tenemos tres términos. El padre, el hijo, y el Otro. El cuarto término entonces, es la prueba de la eficiencia del Otro. ¿Se dará cuenta o no? Acá no son los hijos los que devoran al padre, sino el padre el que ofrece al padre los hijos para la devoración. Se figura así la inversa de tótem y tabú, metaforizando dicho mito, el trayecto inverso del acceso a lo simbólico.

CAPÍTULO V
El legado imposible

El filósofo Gilles Deleuze comienza su libro sobre Nietzsche con la siguiente cita:

> "Como el espíritu se convierte en camello, como el camello se convierte en león, y como finalmente el león se convierte en niño".

Y continúa:

> "El camello es el animal que carga; carga con el peso de los valores establecidos, con los fardos de la educación, de la moral y de la cultura. Carga con ellos hasta el desierto y, allí, se transforma en león; el león rompe las estatuas, pisotea los fardos, dirige la crítica de todos los valores establecidos. Por último, le corresponde al león convertirse en niño, es decir, en juego y nuevo comienzo, en creador de nuevos valores y de nuevos principios de evaluación".

Se precisa de este modo el movimiento que lleva a alguien a apropiarse de la antecedencia, movimiento que no está exento de un impulso que destruye creando, o mejor, crea con la destrucción –que no es rechazo– de lo heredado. Es decir, el acto de heredar, de subjetivar una deuda, nada tiene de pasivo, sino que consiste en una estructura paradojal por la cual alguien se apropia de lo propio sin que esto se reduzca a la mera repetición del pasado. Eso implicará –siguiendo la lógica de la segunda pérdida–, un segundo nacimiento, un ejercicio de la memoria que supone un olvido que no hace a la tachadura del pasado sino a su vivificación. Salida del pasado como cementerio melancólico, como tiempo idealizado de "*todo tiempo pasado fue mejor*".

El vacío de la existencia, el tedio, la ausencia de proyectos, son testimonio crudo de los desheredados. Ahora bien, dicho sufrimiento, propio del malestar en la cultura en su plena actualidad, merece una aclaración, ya que es común escuchar que el sujeto sufre, pero ¿qué concepción de sujeto se supone al afirmar que el sujeto, en el sentido psicoanalítico del término, sufre? ¿No es acaso el desheredado el que sufre –o hace sufrir–, justamente, por faltarle el sujeto, por faltarle la historia, por no estar, precisamente, "sujeto" a un discurso, siendo la existencia del sujeto lo que hace al cese del sufrimiento?

◆ ◆ ◆

Jacques Lacan advierte sobre el delirio de quienes reivindican la autonomía del yo, de su libertad. No se trata de que uno no pueda adquirir cierto grado de libertad –la de poder decir que no, al menos–, sino del delirio, o mejor, el capricho, de creerse exentos del peso de la antecedencia. En efecto, la figura del maestro no goza de buena salud. Se la reduce al artífice de negociados –el que se queda con la plata de sus fieles–, o al portador de un saber aplastante respecto al discípulo, término que correspondería a quienes lamen los zapatos del primero.[24] Por eso, para Borges, el "*magister dixit*" no se reduce a una forma de falacia, a un *argumentum ad verecundiam*, o a aquello de lo que se defienden los que creen que el orden de la trasmisión –del que también, y con coherencia, se mofan– puede prescindir de la figura del maestro. Al revés, para el escritor argentino, el "*magister dixit*" no supone la sumisión a sus dichos, la atadura a aquellos, sino a la libertad de seguir pensando sobre lo dicho por un antecedente que, a su vez, debe poder adoptarse como tal. Es decir, no se trataba de repetir al maestro sino de, habiendo pasado por su palabra, tener la libertad de innovar –gracias a los errores de lectura y no a su fiel reproducción– sin que el lazo con la tradición se disuelva.

Recuerdo aquí a un hombre que gastó la herencia que recibió de sus padres en diez años de noches excedidas. ¿Qué hubiese pasado si la he-

---

24 Quizás, lo que esté en crisis no sea tanto la figura del maestro como la del discípulo.

rencia la hubiese tomado, no por la nariz, que es un modo de no tomarla, sino apropiándosela, en el sentido en que estamos definiendo al acto de apropiación? En principio, hubiese confirmado la muerte de sus padres, ya que, tomando la herencia, se los estaría asumiendo como muertos. Pero no como aquellos muertos que quedan varados, inquietos, entre la tierra y el cielo, sino como aquellos con los que se funda, como se dijo, la dimensión de la deuda y la tradición. En este sentido tenemos, por un lado, a la herencia y la tradición como la estructura, aquello que nos antecede, y que se liga a lo que Freud llamó filogénesis. Por otro, los actos de apropiación de lo viejo, por lo que devenimos hijos, y por los que el antecedente deviene padre.

La necesidad de retomar la figura del maestro no se corresponde con la nostalgia respecto de aquel –otra de las críticas de la intelectualidad detractora–, sino con que aquella no es más que un representante entre otros –aunque de los más significativos– de aquella función imprescindible para que la filiación se realice, es decir, para que alguien pueda apropiarse de lo que lo antecede y entrar en relación a una deuda que, por el simple hecho –aunque no tan simple– de existir, se contrae con aquellos.[25] En fin, hay que saber ser hijos.

En tanto hijos, siempre y cuando lo seamos, estamos inscriptos en una serie generacional, es decir, el orden de la filiación y la deuda simbólica. Pero no va de suyo que alguien pueda asumirse como tal. Un doble movimiento se necesita para esto. No alcanza con ser adoptado por un padre, sino que, a su vez, será necesario que el hijo pueda adoptar al padre como tal. Solo desde una perspectiva biológica y cientificista la familia es algo que se constituye a priori, sin acto de adopción mediante. Más allá del ADN, los genotipos, etcétera, siempre será necesario un acto de adopción respecto de aquella. Aun así, es cierto que el ADN atentó contra el carácter del padre, cuyo lugar simbólico mejor se sostenía en cuanto su paternidad –principalmente su carácter incierto– más se alejaba de la referencia al esperma. Por eso Lacan, en su texto sobre la familia, observa que en las familias primitivas los ritos de filiación se ejercían aun cuando el lazo era consanguíneo. Es decir, el genitor no necesariamente era el padre. Tenían claro, por su potencia simbólica, que

---

25 En esto fracasa, por ejemplo, el espíritu meritócrata, al renegar de lo que debe a aquello que lo antecede.

no hay acto más humano que la adopción, por la cual el niño deviene hijo, por un lado, y por el cual, invirtiendo la trayectoria del acto, los padres devienen padres.[26] Basta observar, incluso, cómo en la familia primitiva, el padre podía ser una piedra, una planta o un animal. Hoy no se tardaría en medicalizar a quien sostenga afirmaciones de este estilo. En otros términos, si no dudamos en afirmar la necesidad de adopción simbólica en relación a los padres con sus hijos, ¿por qué no suponer lo mismo de estos últimos en relación a aquellos? Es aquí donde, por rechazarse todo lo que sea del orden de la deuda simbólica, toda herencia se vuelve pesada, tanto en lo económico como en lo que se refiere a los modos de apropiación de saber respecto de generaciones precedentes.

◆ ◆ ◆

No sería impreciso formular un cogito que dicte que, si deseo, existo. La vida no es la existencia, no dejaremos de insistir en esto. Puedo vivir sin existir, tomado en el sueño del otro. Es así que un joven, al que felicité al recibirse de médico, me respondió que felicite a sus padres, ya que el trofeo era para ellos, que querían un médico. ¿Cuál es el trofeo aquí? ¿El diploma, o él mismo? Su existencia se ve absorbida por no habitar más que el sueño de aquellos, del que no supo apropiarse. Vivir el sueño del otro se nos presenta, de este modo, como defensa respecto de lo que la muerte implica. En efecto, es en el seminario sobre la ética donde Lacan afirma que *"la función del deseo debe permanecer en una relación fundamental con la muerte"*. La muerte es corte, límite a la identificación mortífera a realizar el sueño del otro, que es lo que hace al cansancio de la vida. Es decir, el cansancio de la vida es inherente a una posición narcisista. Y es la muerte la que, al entrar en la economía subjetiva, golpea la relación a dicho cansancio.

Salir de la tediosidad supone el encuentro con el hecho de que no hay posibilidad de filiación, de transmisión de un deseo, sin el encuentro con la potencia de lo que antecede. En efecto, la asociación libre es,

---

26 Asimismo, hay otro acto, igual de importante, que es el de dejarse adoptar. Si existiese una clínica de los hijos de padres divorciados y familias ensambladas, quizás sea un buen punto de partida. Aunque, particularmente, descreo de la multiplicidad de clínicas.

en principio, aquello que demuestra que al hablar de uno mismo se termina hablando del Otro, de cómo fuimos nombrados por él, de lo que se esperó de nosotros, de una dependencia que no se reduce al aprisionamiento, sino que es constituyente. La vida vacía se nos presenta, ahora, como el precio que uno paga por dicho rechazo, y sus dependencias no son tan constituyentes como patológicas.

De este modo, la definición según la cual *"el deseo es el deseo del Otro"* no nos alcanza. Es necesario un acto de apropiación respecto de dicho deseo: *"Lo que has heredado de tus padres, adquiérelo para poseerlo"*,[27] cita Freud a Goethe. La fórmula que Lacan toma y modifica de Hegel, puede entonces ser leída por la positiva o por la negativa. La primera lectura haría del deseo del Otro una posible vocación, aquello a lo que Sartre aludió con el *"hacer algo con lo que hicieron de nosotros"*. La segunda, superyoica, hará del deseo del Otro un peso impuesto, cargado sobre los hombros de quien no puede heredar. En este sentido, toda herencia es pesada, aunque solo aplasta a quienes se le resisten.

---

27 Es éste el sentido que damos a nuestra expresión "segunda pérdida", que aquí toma la forma de la "segunda herencia".

CAPÍTULO VI
Esperar

La espera es un tiempo del sujeto que debe ser delimitado y diferenciado de otras formaciones de la temporalidad. Hay esperas angustiantes, esperas ansiosas, esperas propias del deseo –como lo puede ser el tiempo de la paciencia–. Es decir, no nos es posible hablar de la experiencia temporal de un modo unívoco. Limitándonos a los fines del presente texto, avanzaremos sobre un tipo particular de espera, que es la de la eternidad.

◆ ◆ ◆

Imaginemos, tal como Borges lo hizo, la vida de un inmortal. ¿Qué sentido tendría una vida sin el corte que la muerte como límite le concede? Los analistas solemos poner el acento no tanto en las acciones sino en lo que llamamos "acto".[28] Ahora bien, ¿qué valor tendrían nuestros actos si fuese lo mismo realizarlos ahora, en treinta, o cien años? La muerte es aquí ruptura del tiempo de la eternidad, llave de acceso a una erótica del tiempo. Pero cuando esta erótica fracasa, la espera se

---

28 Freud suele ser confuso en este punto. Su modo de expresarse suele ligar la acción a la motricidad. No obstante, en el ser hablante no hay acción que no se realice en relación a la presencia del otro. Alguien podría alegar que hay acciones que se realizan en soledad. Pero el hecho mismo de trazar una diferenciación entre acciones realizadas en soledad o frente a otros ya ubica al otro como referente. La historia, en psicoanálisis está estrechamente ligada a este punto. Nacemos ante otros, fuimos bañados, acariciados, mecidos, y hasta alimentados ante y por la presencia de Otro. Esto significa que todos nuestros actos, nuestra historia entera, no es sin esta presencia. En fin, el ser hablante, cuando lo es, lo es porque Otro estuvo ahí para escucharlo.

vuelve espesa. "El que espera desespera", dice la frase. "Papi, falta mucho", insisten los niños durante un viaje en ruta. El mercado responderá a esto con aparatos que permiten suturar ese tiempo donde antes uno fantaseaba mirando por la ventana. La ventana, con las resonancias que dicho objeto tiene entre psicoanalistas, ahora deviene pantalla.

◆ ◆ ◆

Un conocido músico argentino, luego de asesinar a un amigo de cinco balazos, dijo que cualquier animal hubiese hecho lo mismo en su lugar. *"Era él o yo"*, explicó. Podría pensarse esto último desde la lógica del narcisismo y la lucha a muerte, en tanto en el espacio narcisista no hay lugar para dos. Pero si nos apoyamos en su referencia al animal, es legítimo afirmar que estos no mueren. Están y dejan de estar, pero no puede morir quien no llega a existir. Por su parte, en "El inmortal", Borges afirma que:

> "Ser inmortal es baladí; menos el hombre, todas las criaturas lo son, pues ignoran la muerte; lo divino, lo terrible, lo incomprensible, es saberse inmortal".

Y más adelante:

> "(…) la muerte hace precisos y patéticos a los hombres. Estos conmueven por su condición de fantasmas; cada acto que ejecutan puede ser el último (…) todo, entre los mortales, tiene el valor de lo irrecuperable y de lo azaroso. Entre los inmortales, en cambio, cada acto (y cada pensamiento) es el eco de otro que en el pasado lo antecedieron, sin principio visible, o el fiel presagio de otros que en el futuro lo repetirán hasta el vértigo (…) Lo elegiaco, lo grave, lo ceremonial, no rigen para los inmortales".

Nuestro músico, al que hicimos referencia anteriormente, dice no temer a la muerte sino a no poder morir. Porque el horror no es tanto a la muerte como al hecho de que ni siquiera ella puede terminar con la vida. Esto es Sade.

Solo el cobarde instinto de conservación nos hace pensar a la muerte como desgracia. Muerte y dolor nos devuelven a la vida. ¿Qué más insoportable para el ser humano que el dolor de la vida? ¿Consiste en un dolor específico, como se lo puede entender en una primera impresión? El dolor de la vida no consiste tanto en el pinchazo de un alfiler, sino en la imposibilidad de sentirlo. ¡Pellízcame a ver si estoy despierto!, se dice. El dolor nos permite saber que estamos vivos. El dolor al que nos estamos refiriendo en nuestro trabajo es, paradójicamente, el dolor por no sentir dolor. Solo un muerto en vida, es decir, un inmortal, puede dar cuenta de ello. En palabras de Borges:

> "(…) un árbol espinoso me laceró el dorso de la mano. El inusitado dolor me pareció muy vivo. Incrédulo, silencioso y feliz, contemplé la preciosa formación de una lenta gota de sangre. De nuevo soy mortal, me repetí, de nuevo me parezco a todos los hombres. Esa noche, dormí hasta el amanecer".

El tiempo de la podredumbre

La dualidad temporal clásica es situada por Platón en *El Timeo*. El tiempo de lo mismo, tiempo divino, por un lado. Tiempo de lo eterno, de lo que no tiene devenir, tiempo de lo idéntico a sí mismo. Por otro lado, el tiempo del mundo como la movilidad del tiempo divino, aquel en que la diferencia se introduce, variación que hace a la imposibilidad de lo mismo. El vacío de la existencia, tal como lo venimos abordando, es aprisionamiento del hombre en la mismidad temporal.

Un joven artista comenta que cuando era chico su madre le preguntó *"¿por qué no tocas la guitarra?"*, y le dio una. El joven agregó que después de agarrarla nunca más se aburrió. El aburrimiento, tiempo en que las cosas se pudren, terminó ahí, gracias a una contingencia similar al encuentro que saca al personaje encarnado por Bill Murray del enloquecimiento al que el día de la marmota lo sometía.

La podredumbre es uno de los nombres de la espera ligada al aburrimiento, al "estar podrido". El aburrimiento es la forma en que lo melancólico se nos presenta en tanto supone la imposibilidad de un saber-hacer con el tiempo. Este saber-hacer será juego, arte, trabajo, a menos que queden tomados por la lógica de la producción capitalista.

En relación a este tiempo enloquecedor, vale un breve comentario sobre las ideas que Paolo Virno desarrolla en su ensayo sobre el tiempo histórico titulado *El recuerdo del presente*. Allí, el filósofo no se pregunta por la experiencia histórica sino por la historización de la experiencia. No reduce el pasado a la cronología del calendario sino que introduce el pasado de lo que jamás ocurrió, un pasado como potencia que, a pesar de Aristóteles, nunca alcanzará el acto. Y si hay dos pasados, nos queda suponer un segundo presente. Es el olvido de esta duplicidad, la reducción de un pasado al tiempo de lo ya vivido, lo que preocupa a Virno, quien liga dicha concepción al fin de la historia.[29] Es aquí donde comienza sus reflexiones sobre el *déjà vu*, entendido como práctica humana de la pura reiteración.

Virno toma las categorías de potencia y acto para teorizar la historización de la experiencia. Para que el tiempo deje sus huellas, habrá de existir la experiencia del no-ya. Es decir, el devenir supone un *"déficit de actualidad, un agujero en la red de los ahora"*. Este agujero se nos presenta como un corte en la eternidad del ahora infinito. Por esto, nuestra dificultad estará en dar a la eternidad un estatuto temporal, siendo un nombre del fuera-de-tiempo.

> "El eterno presente de dios o de los animales no humanos no es de ninguna manera un presente: más bien delinea un modo de ser atemporal. Pues bien, quien dice «no-ya» dice potencia".

El problema del capitalismo al que Benjamin denominó reproductibilidad técnica es que al acelerarse en desmesura el proceso histórico, toda innovación se presenta como un eterno retorno de lo igual, como quien dice que ya todo está inventado. En el *déjà vu*, el filósofo afirma que "el ahora" se disfraza de "ya ocurrido", duplicándose por ende en un "entonces" imaginario, un ficticio otro-cuando. En efecto, cualquiera que haya tenido la experiencia de un *déjà vu*, habrá imaginado que, si su presente ya fue vivido, la secuencia que sigue ya estaría escrita. El

---

29 La poshistoria, como nueva animalidad, hace del hombre un ser refugiado sin confrontación con otras especies. Como afirma German García en *La trama secreta*: *"Sin la pesadumbre del logos ni el tormento del ser-para-la-muerte, estos animalitos sin Dios retozarán en la poshistoria en una «negatividad sin empleo»"*. En el eterno presente ya no es necesario negar nada: *"El hombre desaparece en el american way of life, el animal vive en un mundo feliz"*. Es así que Agamben —nos recuerda García— afirma en *Lo abierto*: *"No queda otra opción, para una humanidad devenida nuevamente animal, que la despolitización de las sociedades humanas a través del despliegue incondicional de la oikonomia, o bien la asunción de la misma vida biológica como tarea política —más bien impolítica— suprema"*. Desarrollaremos esto en el próximo capítulo "Profanar lo político".

presente y el "pasado" alucinado en el *déjà vu* no son una mera analogía, un "como si", sino que se presentan en una superposición indistinguible. Continúo:

> "(...) la consecuencia es inquietante: cada gesto, cada palabra que ahora hago o digo, parecen destinados a recorrer de nuevo paso a paso la parábola fijada entonces, sin que nada pueda ser omitido o modificado".

Aquí el autor cita a Bergson: *"se siente que se elige y se quiere, pero se elige algo impuesto y se quiere algo inevitable"*. Asoma así el fatalismo de una vida determinada, condenada a lo inexorable del destino. Si el presente es también un pasado, no somos más que espectadores de nuestra propia vida. Es decir, nos "miramos vivir". Así, renunciamos al acto que incidiría en lo ya escrito, que ni siquiera es una escritura que habremos de recorrer, sino que el recorrido ya está hecho: *"el sujeto se vuelve espectador de las propias acciones, como si fueran parte de un guion ya conocido e invariable"*. Y, citando a Karl Mannheim, continúa:

> "Es por consiguiente posible que, en el futuro, en un mundo en el cual ya no haya nada nuevo, donde todo haya acabado y cada momento sea una repetición del pasado, se de una situación en la cual el pensamiento prescindirá por completo de factores ideológicos y utópicos (...) no hay nada nuevo (...) y cada momento es una repetición del pasado".

Dicho futuro no se nos presenta tan utópico como distópico. Se trata aquí de la repetición de lo mismo.[30] Por esto, en el mejor de los casos, es lícito que el espacio analítico pueda ser el lugar propicio para que una contingencia pueda producirse, y para que una sala de espera devenga sala de juegos.

---

30 No nos adentraremos en el concepto de repetición en psicoanálisis ya que nuestro desarrollo se vería desviado en caso de proceder de esta manera. Alcanza con agregar que la repetición, en psicoanálisis y a partir de Kierkegaard, nunca es de lo mismo sino de lo diferente. Por eso aludimos a la contingencia. Es el tiempo platónico el que figura una repetición de lo mismo al suponer un sujeto que en su devenir debe reencontrar las ideas perdidas en el río del olvido. Para Kierkegaard, al contrario, la repetición supone el encuentro con lo diferente. ¿No es a esto último, más que a una supuesta detención, a lo único que puede apuntar un análisis en relación a la repetición?

La ausencia

El niño tiene, durante un periodo de su infancia, la necesidad de la presencia real de sus padres. Durante un tiempo puede estar en el living mientras sus padres están en el cuarto. Luego, la ausencia deja de serle indiferente, y comienzan a jugar solos, pero en presencia de aquellos. De este modo, Winnicott plantea la capacidad de estar solo de un modo sumamente original, porque la define como poder estar solo, en principio, en presencia de otro, para después internalizarla. Solo, pero ante otro. No en el sentido de aquellos que estando en pareja se sienten solos, vacíos, y llegan incluso a reprocharle al otro de que no lo llena, para luego pelearlo y generar un encuentro –o un encontronazo–. En efecto, estos últimos son los que no tendrían la capacidad de estar solos, es decir, de compartir su soledad. Es una experiencia de las más cotidianas. No poder soportar ciertos silencios, o el hecho de que dos personas puedan juntarse estando cada una por su parte, sin que las respectivas presencias se vuelvan un estímulo pesado al cual habría que responder casi obligadamente. ¿No se trata incluso de la capacidad de hablar, de entregarse a la asociación libre, de no interpretar el silencio de un analista como falta de escucha o interés respecto a lo que dice? Es también la capacidad de una charla que no se reduzca a llenar el aire con palabras. Es la capacidad de olvidar la presencia del otro sin que esto signifique su rechazo, haciendo de ella lo que causa el movimiento, el juego, y no lo que lo inhibe o estupidiza. Winnicott llega a afirmar, en resumidas cuentas, que es la capacidad de relajarse, algo que en los tiempos que corren no se consigue fácilmente.

Cualquiera de nosotros puede caer en el intervalo angustiante de la espera como eternidad. Esto puede suceder, por ejemplo, cuando se pierde la garantía de que el Otro retorne, de que su ausencia coincida con su desaparición. Es común que, dicho tiempo, en la niñez, se presente en los intervalos de las idas y vueltas de la madre. Es así que en *Fragmentos de un discurso amoroso*, específicamente en su apartado titulado "La ausencia", Roland Barthes escribe:

> "A veces ocurre que soporto bien la ausencia. Estoy entonces «normal»: me ajusto a la manera en que «todo el mundo» soporta la partida de una «persona querida»; obedezco con efica-

cia al adiestramiento por el cual se me ha dado muy temprano el hábito de estar separado de mi madre. (...) La ausencia dura, me es necesario soportarla. Voy pues a manipularla: transformar la distorsión del tiempo en vaivén, producir ritmo, abrir la escena del lenguaje (el lenguaje nace de la ausencia: el niño se agencia un carrete de hilo, lo lanza y lo recupera imitando la partida de la madre, se crea así un paradigma). La ausencia se convierte en una práctica activa, en un ajetreo (que me impide hacer cualquier otra cosa); en él se crea una ficción de múltiples funciones (dudas, reproches, deseos, melancolías). Esta escenificación lingüística aleja la muerte del otro: un momento muy breve, digamos, separa el tiempo en que el niño cree todavía a su madre ausente y aquél en que la cree ya muerta. Manipular la ausencia es aplazar este momento, retardar tanto tiempo como sea posible el instante en que el otro podría caer descarnadamente de la ausencia a la muerte".

El Fort-Da, al que Barthes no duda en referirse, manipula la ausencia del objeto amado, movimiento a partir del cual la ausencia real deviene simbolización de ausencia y, por lo tanto, posibilidad de presencia. Si el que espera desespera es por el hecho de no contar con la posibilidad de manipular la ausencia a través del juego o sus derivados, y me refiero con esto a toda actividad que suponga el fantaseo.

En relación a esto, hay en Brentano –maestro tanto de Husserl como de Freud, entre otros– una relación entre el tiempo y el fantaseo. Para él, que era empírico, hacía falta una primera asociación, es decir, una primera puesta en juego de dos representaciones asociadas sucesivamente por una ley inexorable. Al filósofo no le alcanza la sucesión de sensaciones para afirmar la existencia del tiempo. El ejemplo más conocido y pertinente es el de la melodía. Para poder escucharla no alcanza con la serie de notas, sino que éstas puedan ser experimentadas como sucesión. Es necesario que haya una conexión entre ellas, de lo contrario no habría melodía sino un aglomerado de notas yuxtapuestas. Por esta razón, plantea la necesidad de una operatoria que permita conectar las diferentes sensaciones percibidas, fundando así la experiencia de la sucesión. A esto, Brentano lo llamará *asociación originaria*. Al percibir una melodía, escuchamos la nota presente, pero las pasadas se hacen presentes de un modo que ya no es el mismo en el que fueron presentes anteriormente. Toda nueva sensación depende entonces de un reordenamiento de las sensaciones pasadas. Se deduce de esto que no hay sensación que no esté relacionada, por un lado, con la materia sensible, y por otro, con una temporalidad en la que se reordenan constantemente las sensaciones pasadas. No avanzaré en este desarrollo, alcanza con subrayar que estamos ante una noción de tiempo que es efecto de la misma operatoria que posibilita el fantaseo, si es que no es aquella la que depende de esta última.

Entonces, para Brentano, no hay tiempo sin la experiencia de la sucesión, a diferencia de Kant, para quien el tiempo, como forma a priori de la conciencia, es condición necesaria para que la experiencia de tiempo tenga estatuto de tal. En resumen, para Brentano no hay tiempo sin experiencia, y para Kant, no hay experiencia sin tiempo.

Freud, por su parte, no descuida la sucesión temporal. La puesta en juego del binarismo significante –Fort-da– y el intervalo que los separa, ponen al tiempo en función. Pero es un tiempo que ya implica un orden de simbolización previa. Es decir, la dimensión de la falta –la castración–, es una condición necesaria para la experiencia de tiempo.

El tiempo que hace falta

Cuando se juega, el tiempo pasa. El juego es modelo de toda actividad erotizada. Pero que el tiempo pase supone que, en tanto objeto, está ausente. Es en la inminencia donde el tiempo puede llegar a presentificarse, produciéndose una irrupción del tiempo como objeto similar a la irrupción de cualquier objeto pulsional en el campo de la realidad. El objeto "a" de Lacan, no se corresponde con el noúmeno Kantiano, que no por incognoscible deja de pertenecer al campo del conocimiento. Es decir, el noúmeno es incognoscible desde la misma lógica en la que se lo formula como tal. El objeto "a", por el contrario, es un objeto que no pertenece al campo del conocimiento. No se trata de un inaccesible por incognoscible, sino que es su extracción la que funda el espacio del que se ausenta. La irrupción del "a" siempre conlleva efectos de trastrocamiento y desestabilización según la forma que adopte. Alucinaciones visuales –irrupción de la mirada–, auditivas –irrupción de la voz–, etcétera. Esto nos permite suponer que, si el tiempo es, como lo venimos formulando a partir de Lacan, un objeto, su irrupción en tanto tal deberá tener consecuencias equiparables a la irrupción de cualquier otra forma del objeto.

◆ ◆ ◆

El tiempo falta, es un hecho de estructura. Ahora, si no nos desviamos de Freud y seguimos sus ideas en relación al estatuto del objeto en psicoanálisis, sabemos que éste nunca existió. Debemos suponer un segundo tiempo al hablar en términos de "objeto perdido", donde la pérdida supone un grado de subjetivación respecto de un objeto que nunca se tuvo. Dicho tiempo corresponde al momento de la mítica satisfacción, tiempo que nunca hubo y que, en tanto tal, se inscribe como perdido (en el mejor de los casos). Es tiempo que falta, o mejor, tiempo-falta con el que puede contarse. La llamada falta en ser es ahí *falta el tiempo en ser* ("*il faut le temps*"), expresión utilizada por Lacan en *Radiofonía y televisión*. Es tiempo anudado a la falta. Insisto en este punto: no es que falta un tiempo, lo que sería posible de recuperar, sino que el tiempo se "hace con falta". El "falta-el-tiempo" es una forma de la castración en relación al tiempo como objeto. Tiempo que fue, pero nunca hubo.

Retomando y concluyendo, si pensamos al tiempo como cualquier objeto, éste tiene que faltar para que la temporalidad se ordene, para que haya tiempo, y así como la mirada tiene que estar sustraída del campo para que las leyes lógico matemáticas de la percepción funcionen y no seamos absorbidos por el espejo, el tiempo debe estar sustraído para no volverse tirano. De estas consideraciones, a las que asumo particularmente abstractas, se desprenden preguntas bien concretas. En efecto, ¿cómo puede ser que, teniendo más tiempo que en siglos pasados, habiéndose inventado máquinas que permiten recalentar una taza de café en apenas segundos, o encender el fuego a la velocidad de un chasquido, se viva en el apuro generalizado del cual no solo somos testigos? ¿No sucede acaso que, ahora, que tenemos tiempo de sobra, es donde más nos falta, o mejor, donde más nos falta el tiempo que hace falta, el que permite que una actividad –cualquiera que sea– devenga una experiencia?

CAPÍTULO VII
Profanar lo político

Desde los antiguos clanes o fratrias hasta los actuales partidos políticos, ninguna sociedad puede ser pensada sin las divisiones que les son inherentes. Esto no significa que –tal como nos muestra el actual estado del discurso– ante dicha división, sea la segregación la primera respuesta que deba ofrecérsele. Al contrario, la segregación es proporcional al modo en que la división se rechaza, y esto no es un problema que atañe exclusivamente al campo de lo político, sino que atraviesa el problema del prójimo en todos sus frentes. No hay pretensiones de abolir la división que no hayan sacado a la luz las más oscuras tendencias humanas. Esta es, en sí misma, la condición necesaria de la política y de toda organización del lazo social. Y dicha necesidad es topológica, ya que si hay algo que la topología enseña desde un principio, es que no hay posibilidad de que un espacio pueda constituirse, delimitarse, si no es por un corte que lo funde como tal. Entonces, el problema no consistiría tanto en aquella grieta que los ciudadanos esperarían subsanar,[31] sino en el carácter fundamentalista adoptado por las diversas porciones que coexisten en un mismo cuerpo social. Nuestra propuesta en el presente capítulo será delimitar el estatuto de dicha división, en tanto ésta, si merece ser llamada como tal, habría de incluir el diferente modo de gozar del otro –su otra ética, su otra política, su otra estética– y no una lucha a muerte disputada en un espacio donde no hay lugar para dos.

---

31 Esperanza generalmente hipócrita, en tanto se clama por tolerar las diferencias para una posible convivencia, siempre y cuando la diferencia de uno se imponga sobre la diferencia del otro.

Es aquí donde el narcisismo se liga a la muerte y la crueldad, incluso en sus formas más sutiles.

"Es todo un negocio"

En *La vida: la experiencia y la ciencia*, Foucault distingue entre la filosofía alemana, encargada de una reflexión histórica y política sobre la sociedad, cuyo problema fundamental acentuaba a la experiencia religiosa en relación con la economía y el estado, a diferencia de la francesa, donde la historia de las ciencias desplaza el acento de lo religioso al saber científico. Afirma Foucault:

> "Saber y creencia; forma científica del conocimiento y contenido religioso de la representación, o paso de lo precientífico a lo científico (...) surgimiento, en medio de una historia de las ideas y las creencias, de un tipo de historia propia del conocimiento científico".

Subrayo esta diferencia ya que ambos modos de concebir la vida pueden servir para pensar las divisiones sociales. Si reducimos, por ejemplo, el estado a la pura administración económica, ¿qué lugar queda para lo que a la soberanía refiere? Es pura pérdida de dinero... despilfarro, dirán algunos.[32] ¿No es esto una forma política de reducir el cuerpo que se enlaza a otros cuerpos, a un cuerpo destinado a una mera satisfacción autista de sus necesidades? No todo exceso es erótico, pero no hay erotismo sin el lugar del exceso. Hacer del exceso la ruina, en nombre de la moral y la buena salud, no hace más que reducir el cuerpo a un cadáver, tal como lo hacen los paladines de la salud, que en nombre de un cuerpo sin válvulas de escape señalan, con dedo inquisidor, a quie-

---

32 Con cierto tono chistoso, ¿no podría afirmarse incluso que tener hijos, alquilar una vivienda, también supone una pérdida de dinero, ese mismo que acumula quien vive hasta los cuarenta años con sus padres acrecentando su caja de ahorro? No considero particularmente que un degradado valor asignado a lo que la soberanía implica sea ajeno a este cada vez más recurrente fenómeno.

Valen recordar aquí las palabras de Jacques Lacan en su escrito sobre la familia. Al referirse al complejo de destete y su difícil sublimación, concluye en que éste queda ampliamente liquidado al independizarse el individuo de la seguridad económica de su familia de origen. Diría, por mi parte, que lo económico es solo un agregado, y que alcanza con independizarse de la seguridad familiar en un sentido amplio, incluso amoroso.

nes guardan para sí el placer de ciertos vicios, proclamando así un puritanismo ingenuamente sorprendido ante la repentina muerte súbita. El exceso es, también, aunque sólo hasta cierto punto, un nombre de la vida. Advirtamos, en todo caso, de no excederse en excesos.

Asimismo, propongo ubicar en el avance de la ciencia en detrimento de lo religioso un intento de anulación de lo político, cuyos intereses no nos son ni ajenos ni desconocidos. Como contrapartida, la reintroducción de lo político en una sociedad, el retorno del compromiso con determinados ideales, no puede dejar de lado el problema de lo religioso. Éste dará a lo político su fuerza e intensidad, siempre y cuando se tome distancia del fundamentalismo que, de religioso, en el sentido de la fe y la creencia, nada tiene. Razón por la cual es lícito afirmar que en nada cree el fanático.

◆ ◆ ◆

En un trabajo titulado *La crisis y lo sagrado,* el filósofo Jean Pierre Dupuy plantea que la economía no puede entenderse sin las categorías de los sagrado: "*...la economía ocupa el lugar dejado vacío por el proceso de desacralización del mundo que caracteriza la modernidad*".[33] Esta desacralización permite un abordaje del problema de la división, desplazándose de las categorías clásicas, cuya presencia supone un trasfondo político hacia una división cuyas aguas se dividan entre la existencia o no de lo político en su totalidad. Es decir, si hay una división en la que valga la pena detenerse, será entre quienes creen en algo y quienes se abrazan al padre del orden y claman por la purificación de lo sucio, lo corrupto, en nombre de una moral sangrienta y ensangrentada. Los dispositivos de comunicación se servirán de un odio que los precede. Ningún medio lavará la cabeza de nadie que no posea en sí la cólera que lo atormenta y exige su expiación. El lavador de cabeza es tan fantaseado como el psicópata manipulador de la joven vestida de ángel. Los medios no harán más que ofrecer lo que se les demanda.

Ahora bien, la afirmación según la cual algunos tendrían ideales y otros no, ligando los primeros al deseo y desligando a los segundos de

---

33 Puede pensarse incluso que, si lo económico refiere principalmente a la administración del dinero, lo religioso tomaría a su cargo la administración de lo sagrado.

este, es imprecisa o al menos cuestionable. Lo fundamental es, en la relación del sujeto al ideal, la noción de distancia, ya que la relación a un ideal puede no ser en modo alguno pacificante.

En su texto *Psicología de las masas y análisis del yo*, Freud esclarece que los rebaños se organizan a través de una marca. Ésta, lo liga a uno a un deseo, y da un orden de pertenencia. Pero –y esto es fundamental– ese deseo es el del líder del rebaño, al que podemos llamar padre por su lugar en la dinámica de la masa. Entonces, dicho deseo está por fuera del sujeto, que queda en una posición sumisa, sometida al deseo del líder. Hace falta un acto de apropiación respecto de dicho deseo para que la causa no se ubique exclusivamente en el campo del otro. Este acto de apropiación –fantasma parricida mediante– permitirá cierta ruptura con la fe ciega respecto del ideal. Es necesaria esta aclaración, ya que no se trata de que haya ideales en juego o de que no los haya, sino de los modos de relación a aquél, las posiciones al respecto, y de cómo éste fue transmitido. Si la transmisión se da respecto de un padre sin ley, el deseo del primero coincidirá con la segunda. Se cancela, así, la distancia entre ambas. He aquí el fascismo. Si entre la ley y el padre la distancia se anula, la fijeza del ideal lo vuelve xenófobo. La extranjeridad que el lazo con el prójimo habría de hospedar deberá ser exterminada, ya que atenta contra la rigidez del ideal y la fragilidad de las identificaciones que de él se desprenden. Vale insistir en esto, porque no se trata de que algunos tienen un deseo y otros no, sino que, más allá de lo profano y lo sagrado, hay que diferenciar los diversos grados de rigidez del ideal por el cual uno sacrifica *"el cobarde instinto de conservación"* (Caillois).

Retomando, es imposible negar –sería más que ridículo hacerlo– que quien se inmola en una iglesia no tenga un deseo. Pero su posición sacrificial respecto al ideal implica todo el orden de su ser y no una parte de sí. Y quizás se sacrifique él mismo, en la totalidad de su ser, para evitar hacerlo con dicha porción. Aquello de lo que este deseo carece es de un nombre, en tanto su causa se ubica exclusivamente en el campo del otro, y uno ahí no está más que como objeto respecto sus mandatos. La transmisión queda aquí reducida a un puro acatamiento.

Dicho esto, nos abocaremos a situar brevemente, los posibles puntos de cruce donde lo político y lo religioso se articulan. Entre la diversidad de estudios al respecto, tomaremos el trabajo de Roger Caillois, titulado *El hombre y lo sagrado.*

◆ ◆ ◆

Eufemismos y blasfemias. Todos contamos con un diccionario a partir del cual una misma palabra puede significarse por la positiva o por la negativa. Freud llamó a esto *"sentido antitético de las palabras".* En griego, la palabra "santo", significa también "manchado". Lo puro y lo impuro se coagulan en un mismo término que designa ambos opuestos. *"Cuanto mayor es la belleza, más profunda es la mancha",* afirma Bataille. Lo puro y lo maldito, observa Caillois en *El hombre y lo sagrado,* fueron separados por palabras que se escriben de igual modo. Un criminal, infectado por lo impuro y, en consecuencia, vuelto intocable, se expía de aquello al ser lo impuro parte de lo sagrado, y retoma así su lugar en el orden social. Lo puro y lo impuro coinciden en lo sagrado. Ambos, devienen lo intocable.

Si retomamos lo planteado por Dupuy, la desacralización acompaña al desgaste de los ideales y la profanación del simbólico. Hoy en día alcanza con "vivir bien", o "ser feliz".[34] Lo político incomoda, produce incluso un movimiento que se contrapone a la quietud del confort capitalista. Nadie preferiría acampar por la noche, con temperaturas rozando el grado cero, a la espera de los resultados de una votación en el congreso. Es imposible que se prefiera dicho sacrificio antes de estar bajo el calor de un acolchado. Lo político –el deseo– lo consigue. Si sostenemos que lo político alcanza a la lógica de lo sagrado, que incluye tanto a lo puro como lo impuro, es lícito pensar que tanto en el amor que un ideal llegue a despertar respecto a quienes lo comparten, como en el odio que arraigan sobre sí, lo político es eficaz en su afán de reintroducir la esperanza en vidas hasta ese momento hundidas en la obscenidad del tedio. Una bandera para alzar, o al menos, un lugar donde escupir la mancha que nos habita, *Kakón* que clama por su expiación,

---

34 Aunque la felicidad también se haya vuelto un ideal, pero con fines totalmente individuales y no colectivos. Digamos, más precisamente, que más que un ideal aquella se ha vuelto una mercancía.

veneno que ha de expulsarse para salvar al cuerpo. Es decir, los ideales repercuten directamente en el cuerpo.

Es común que quienes, por ejemplo, se enlazan a un discurso, salgan de las drogas, el aburrimiento, o a grandes rasgos, el malestar endogámico. La pregunta es, ¿cómo se sostiene un cuerpo cuando el ideal ya no lo sostiene? Que un cuerpo sea materia no significa que crezca si nadie le habla.[35] Es imposible crecer si antes no se sueña con ello, del mismo modo que nadie realizará un proyecto o emprendimiento sin imaginarlo previamente. El cuerpo real, en su estado crudo, no es el cuerpo que sueña, sino aquel que nunca fue soñado. Al revés de lo que suele pensarse, es el sueño lo que nos pone los pies en tierra. Sin los sueños somos cuerpos flotando en una programación ajena y parasitaria. Las ficciones son necesarias para estar en el suelo más que para volar. Las creencias y los sueños hacen al anudamiento erótico del cuerpo en donde anida la fantasía –por esta razón los síntomas varían según las ficciones–, la narración,[36] la ideología, y todo lo que le permita a ese cuerpo enlazarse a otro de un modo íntimo y amoroso.

◆ ◆ ◆

La desacralización empuja a la anulación de los modos ritualizados de lidiar con la violencia pulsional. El rito modera, habilita el espacio y tiempo donde un saber hacer con el exceso puede practicarse. Pero ya no hay ritos. Vemos la fiesta, las sobredosis, los crímenes, pero sin fuego en el medio, aun sabiendo de la importancia de este fundamental elemento. El rito, cuya marca sitúa al sujeto en un orden de filiación, de transmisión de un nombre, se ha vuelto obsoleto.

Lo profano tomó la delantera respecto lo sagrado. La política se estetiza, la imagen se impone y cada vez importa menos el relato, que no por mentiroso rechaza el lugar de la verdad. ¿Para qué ligarnos a un discurso, a una causa por la que la vida valga la pena sacrificarse, si po-

---

35 Las experiencias de Spitz lo demuestran. Puede remitirse el lector a mi libro *Hambre y amor* para más desarrollos sobre esta idea.

36 ¿No es la puesta en crisis de todo este orden lo que habita en aquello que Walter Benjamín consideró como el fin del narrador?

demos disfrutar de la muerte lenta, como cualquier país civilizado? He aquí una definición de "Lo sagrado" de Roger Caillois:

> "(...) se emplea con razón la palabra sagrado fuera del terreno propiamente religioso para designar aquello a lo que cada uno consagra lo mejor de su ser, lo que cada uno considera como valor supremo, lo que venera y a lo que sacrificaría incluso su existencia. Esa es, en efecto, la piedra de toque decisiva que, en cada caso de incredulidad, permite establecer la división entre lo sagrado y lo profano".

Caillois continua:

> "Entonces es sagrado el ser, la cosa o la noción por la cual el hombre interrumpe toda su conducta, lo que no consiente en discutir, ni permite que sea objeto de burlas ni bromas, lo que no renegaría ni traicionaría a ningún precio: para el apasionado es la mujer a quien ama; para el artista o el sabio, la obra que persiguen; para el avaro, el oro que acumula; para el patriota, el bien del estado, la salvación del país, la defensa del territorio; para el revolucionario, la victoria de la causa".

La división es efecto de, por una parte, quienes poseen algo por lo cual se entregarían a la muerte antes que seguir sin ello, y quienes:

> "(...) subordinan todo a la conservación de su vida y de sus bienes, y parece así que lo consideran todo como profano, tomándose con todo, en la medida de su poder, las mayores libertades. Los gobierna el interés o el placer del momento. Resulta evidente que, para ellos solos, no existe lo sagrado bajo ninguna forma".

El problema reside entonces en qué lugar dar al relato, al mito, al culto, en una cultura profana, en un mundo que olvida que *"no hay mentira más profunda que la verdad"* (Nietzsche), o mejor, como me ha sugerido Florencia Abadi, que no hay verdad más profunda que la mentira. Por esta misma razón, Tomas de Aquino llegó a afirmar que la ficción, lejos de ser una mentira, tenía que ser considerada como una *figura veritatis.* Por su parte, Freud sigue la misma lógica al responder sobre el valor de verdad de los recuerdos de experiencias vividas en la infancia. Así, en sus lecciones de introducción al psicoanálisis afirma:

> "Las experiencias vividas en la infancia que se construyen o se rememoran en el análisis son una vez indiscutiblemente falsas, pero otra vez, con igual certidumbre, exactas, y, en la mayor parte de los casos, son una mezcla de verdad y falsedad (...) la propuesta de colocar en el mismo plano fantasía y realidad y de comenzar por no preocuparse por saber si las experiencias vividas en la infancia que se está tratando de elucidar son una u otra cosa, durante mucho tiempo no encuentra en él (en el analizante) ninguna comprensión. Y, no obstante, esa es evidentemente la única posición justa en relación con estas producciones psíquicas, las cuales también poseen una suerte de realidad (...) dichas fantasías poseen una realidad psíquica que se opone a la realidad material, y poco a poco empezamos a comprender que, en el mundo de la neurosis, es la realidad psíquica la que resulta determinante".[37]

Retomando, lo que se pone en crisis al profanar lo político, es el lugar mismo de la verdad. Ya no se trata de si tal miente o dice la verdad. La burla, el *bullying*, parece ser el modo en que los representantes elegidos por su pueblo se les dirigen. La desacralización supone entonces el rechazo –canallesco– de los semblantes necesarios con los que debe contar quien rechaza vivir en el vacío. Quien elige la posibilidad de morir, de ser mortal, es decir, la vida, por sobre la muerte lenta. Afirma Caillois:

> "Lo profano debería definirse como la constante búsqueda de un equilibrio, de un justo medio que permita vivir en el temor y la prudencia, sin exceder jamás los límites de lo lícito, contentándose con una dorada mediocridad que evidencia la conciliación precaria de dos fuerzas antitéticas que sólo aseguran la duración del universo neutralizándose a medias recíprocamente. La salida de esa bonanza, de ese lugar de calma relativa, donde la estabilidad y la seguridad son mayores que en otro lugar, cualquiera, equivale a la entrada en el mundo de lo sagrado".

La promesa de felicidad en la que se regocija el espíritu profano, se opone a la puesta en función de la finitud a la que lo sagrado expone al

---

37 Dicho valor de las fantasías será retomado luego por Lacan, a través del mito como figura discursiva de la verdad.

ofrecer una causa por la que vivir, y por lo tanto morir valga la pena. Lo sagrado es, siguiendo esto último, renuncia a la felicidad y al instinto de conservación.

Será necesario ir más lejos de lo que las clásicas divisiones nos proponen, donde la lucha de clases y los intereses subsumidos en aquellas se enfrentaban. Antes que eso, habría de superarse el obstáculo que puja por anular la necesaria religiosidad que lo político supone, que, vale aclarar, es una religiosidad sin fundamentalismo, e incluso sin objeto. Por esto la fe está más cerca de la posibilidad de dudar –ya que, sin la duda, el acto de fe sería innecesario– que de la certeza.

CAPÍTULO VIII
La literalidad

Mark Twain, cuyos textos sirven de ejemplo en la recta final del libro de Freud sobre el chiste, afirma que el problema del humor es que no se lo toma en serio. En aquel libro, Freud da al humor el valor de "*defensa principal*" frente al "*sentimiento penoso*", al ser considerado como

> "(...) la principal de estas funciones de defensa, que –a diferencia de la represión– desprecia sustraer a la atención el contenido de representaciones ligado al afecto doloroso, y de este modo, domina al automatismo defensivo".

Y agrega que:

> "Para conseguirlo, encuentra además el medio de despojar de su energía a la preparada producción de displacer y la convierte en placer sometiéndola a la descarga".

A diferencia de la represión y el constante esfuerzo psíquico que exige invertir en su mantenimiento, el humor transforma situaciones penosas en descargas placenteras. Si el aparato psíquico freudiano es un constante transformador de cantidades en cualidades, el humor habrá de ser un recurso privilegiado en la realización de dicho fin.

◆ ◆ ◆

En *Lo perecedero*, Freud narra su caminata, acompañado por un joven poeta con quien conversa sobre la belleza que los rodea. El joven –un tal Rainer Maria Rilke–, en cierto momento expresa su lamento por el carácter perecedero de lo bello. Con una resignación comparable a aquella a la que el melancólico lo enfrenta, Freud le da la razón. No obstante, le aclara que su pesimismo desconoce que es justamente la posibilidad de que la belleza perezca lo que da a lo bello su condición de tal:

> "(...) le negué al poeta pesimista que el carácter perecedero de lo bello involucrase su desvalorización. Por el contrario, ¡es un incremento de su valor! La cualidad de perecedero comporta un valor de rareza en el tiempo. Las limitadas posibilidades de gozarlo lo tornan tanto más precioso".

Nuevamente, la necesidad del fin como condición de la vida. Luego de los intentos persuasivos de Freud hacia su amigo, y ya abatido por su pesimismo, afirma:

> "Sin duda, la rebelión psíquica contra la aflicción, contra el duelo por algo perdido, debe haberles malogrado el goce de lo bello".

Freud se detiene en lo que nos ocupa de un modo liso y llano. El modo en que alguien se posiciona ante la muerte condiciona su percepción, el gusto, la libidinización del mundo, su modo de sentir y obtener placer ante la belleza de un campo floreado. El poeta se rebeló al duelo y no fue gratuito. Su certeza de lo perecedero le arrebató el placer del recorrido. Freud se opone a la rebeldía de su compañero, concluyendo que un duelo imposible le ha impedido la posibilidad de disfrutar de *nuevos* objetos, y agregando que:

> "(...) el duelo, por más doloroso que sea, se consume espontáneamente. Una vez que haya renunciado a todo lo perdido se habrá agotado por sí mismo y nuestra libido quedará nuevamente en libertad de sustituir los objetos perdidos por otros nuevos, posiblemente tanto o más valiosos que aquéllos, siempre que aún seamos lo suficientemente jóvenes y que conservemos nuestra vitalidad".[38]

Estamos situados en un texto publicado entre 1915 y 1917. Freud tenía sesenta años, pero su noción de juventud en modo alguno parecía responder a un criterio cronológico, exceptuando el caso en que refiere

---

38 Dejaremos de lado aquí la crítica que Lacan hace a Freud respecto a la sustituibilidad de los objetos en lo que al duelo refiere. Remítase el lector al capítulo sobre lo melancólico.

al "joven" poeta que lo acompañaba. Pero era el joven el que hablaba como viejo. Y quizás el modo de hablar de cada quien nos aproxime a su edad mental con mayor precisión que un riguroso test de Binet.[39]

Retomando, es necesario recordar la diferencia realizada entre el trabajo de duelo, su tiempo de comprender, del duelo en tanto tal. Afirmar que éste *"se consume espontáneamente"* es situarlo en un momento de concluir. La novia –o el novio– llora hasta que se separa, no es que llora por separarse. Pasado un tiempo, el llanto cederá. Incluso, es un problema en algunos padres que no soporten el hecho de que al niño, a veces, hay que dejarlo llorar, ya que colmar su berrinche le arrebataría el tiempo en que algo se inscribe como perdido.[40] En otros términos, el duelo en tanto trabajo opera en el tiempo que se introduce entre una pérdida y otra, ya que, como afirmamos al principio de nuestro recorrido, el objeto ha de perderse dos veces.

Ahora, ¿cómo puede Freud asumir una postura tal ante la crudeza de la vida, estando en plena guerra mundial, y con hijos en el campo de batalla? En efecto, es lamentándose por la gran guerra, por la *cruda desnudez* pulsional, pero (*aun así...*) con *ilusiones*, como concluirá su texto.[41]

Por otro lado, ¿quién se atrevería a discutir a la verdad que el poeta padece? Ante una postura tal no parece haber argumento alguno. Me referiré a esta cancelación de la metáfora y radical ausencia del don del humor,[42] como lo literal.

---

39 Podemos suponer las figuras del viejo cascarrabias, el depresivo, o el literal, a la cara severa del superyó, y dejarle la juventud a su carácter amable, benigno y burlón, sea cual sea la edad vivida de cada quien.

40 Esto se verá obstruido si los padres, incapaces de evocar su propio llanto, calman inmediatamente al niño con un regalo vaciado de su carácter de don, es decir, un objeto destinado a callarlo.

41 *"La guerra enlodó nuestra excelsa ecuanimidad científica, mostró en cruda desnudez nuestra vida instintiva, desencadenó los espíritus malignos que moran en nosotros y que suponíamos domeñados definitivamente por nuestros impulsos más nobles(...)".*

42 Es aquí donde encontramos el punto de articulación entre ambos textos de Freud. Vamos a suponer idéntica actitud psíquica la que lleva a Freud a no ceder ante el poeta (como si Eros y Tánatos luchasen en la caminata), y la que genera las condiciones de la reacción humorística.

La ilusión necesaria

En su breve artículo titulado *El humor*, Freud se detiene en la reacción del condenado a muerte que, el lunes en que será ejecutado, exclama: "*¡Bonita manera de arrancar la semana!*". En otra humorada similar, otro condenado a muerte, horas antes del cadalso, pide una bufanda para cuidarse de un posible catarro. En ambos casos, el condenado actúa como hubiese una próxima semana.

Lo cómico, la ironía, el humor, el chiste, etcétera... La dificultad de cernir dicho campo obliga a Freud a hacer distinciones de las que en varios pasajes confiesa quedar insatisfecho. Podríamos, rápidamente, ordenar el problema en cantidad de personajes necesarios para los diferentes géneros y en instancias psíquicas intervinientes. En el chiste se necesitan tres elementos. Quien lo cuenta, su destinatario, y como tercero, el Otro social, comunidad de lenguaje compartido y condición necesaria para la sanción del chiste.[43] Es un hecho corriente que chistes de diferentes grupos o culturas no causen gracia en otras. No sucede lo mismo con lo cómico, más cerca del humor, al que su funcionamiento queda reducido a dos. En el efecto cómico prevalece el cuerpo, la torpeza, e incluso la ingenuidad entre otras variantes. Alcanza el punto donde la imagen del otro trastabilla, por lo que narcisismo e imagen del cuerpo son las coordenadas donde se efectúa. El primero es obra del inconsciente del Witz y los retruécanos.[44] El segundo deja al yo-narcisismo en primera instancia. El humor, por último, no requiere más que una sola persona, y es definido como *"la contribución a lo cómico por la mediación del superyó"*. El superyó deja de ser aquí el amo severo y cruel que castiga al yo con exigencias paradójicas, que lo empuja a la satisfacción de mandatos imposibles, y pasa a ser el encargado de permitir una distancia ante el sentimiento trágico de la vida. En efecto, ¿no es el

---

43 Vale agregar aquí un cuarto elemento, cuya observación debo a Carlos Quiroga. Me refiero a la tercera persona. El chiste no solo supone los tres elementos mencionados, sino que su eficacia culmina en la necesidad de contárselo a otro. Un goce que se acumula y nos empuja a compartirlo, tal como esos destellos de pensamiento que en plena lectura nos alzan la cabeza y nos empujan a publicar. Es posible que en esta célula elemental de cuatro elementos que ahora referimos al chiste, se encuentre el circuito de toda transmisión.

44 Dice Freud en *El humor*: "*(...) el chiste sería entonces la contribución que lo inconsciente presta a lo cómico*".

humor negro el humor en su extrema potencia? A diferencia del libro sobre el chiste, donde habitan refinados ejemplos tomados de la literatura de Heine y Victor Hugo, aquí se apoya en el humor de cadalso, el de un simple condenado a muerte que con una antífrasis sorprende a su interlocutor. Por otro lado, Freud no duda en referirse al humor como un "don", destacando un carácter sublime que al chiste nunca le fue atribuido. Y a diferencia del chiste, en donde lo que se ahorra es un gasto de inhibición (el placer de un decir que, por ejemplo, sería condenado socialmente si no fuese por el disfraz del chiste), en el humor, el ahorro es de un *sentimiento*. El sentimiento trágico del poeta ante el cual Freud se rebela, o la inminencia de la muerte ante la cual el condenado ríe.[45]

◆ ◆ ◆

Un niño golpea su frente contra la punta angulada de una mesa. Si el rostro del adulto se desdibuja y expresa preocupación, el pequeño rompe en llanto y gritos de dolor. Diferente es la reacción cuando el adulto reacciona, al menos simuladamente, con risas o gestos despojados de preocupación. Si en un momento de la obra freudiana el superyó mostraba su cara cruel, severa, ahora se pronuncia al estilo de un *"no es para tanto"*. En su seminario sobre la psicosis, Lacan afirma que *"un sujeto normal se caracteriza precisamente por nunca tomar del todo en serio cierto número de realidades cuya existencia reconoce"*, para luego agregar que vivimos rodeados de realidades amenazantes de las que no dudamos. Es tan cierto esto último como el hecho de que la vida sería insoportable ante dichas certezas. ¿Una cierta felicidad en la ignorancia se hace necesaria? El problema será donde recae dicha ignorancia.

La literalidad es, como modo de relación a la palabra, la ignorancia de que no se puede vivir sin ilusiones. Por otro lado, el literal desconoce que lo hace, aunque dichas ilusiones son tomadas por él cómo certezas de las que es imposible dudar. Por esto, en *El humor*, Freud dice que *"el superyó, cuando produce la actitud humorística, no hace sino rechazar la realidad y servir a una ilusión"*. La ilusión no es una mentira en la que caerían quienes tienen creencias, mitos, relatos, situando del otro lado

---

45 Si es el melancólico quien enseña a Freud sobre la crueldad del superyó, es justamente por su tendencia a anular los semblantes desmembrando la lógica en la que se sostienen, como examinamos en el primer capítulo de nuestro libro.

a los astutos que conocen bien de que se trata el asunto. Recordemos que, respecto al poeta, Freud dice que se rebela ante el duelo. Dicho duelo quiebra las certezas, instaura la duda, y, en consecuencia, la necesidad de la creencia, ya que en tanto se pierde la certeza el acto de fe es inevitable. Hay que tomar el termino ilusión en el sentido de *El porvenir de una ilusión*, que lo escribió el mismo año que *El humor*. En aquel texto, dice que el rechazo de la realidad nos reconcilia con *el dolor de la vida*. Estamos aquí ante un rechazo de la realidad no "patológico". Al contrario, funda la necesidad del relato y la verosimilitud antes que la verdad. Cito:

> "Llegamos así al resultado singular de que precisamente aquellas tesis de nuestro patrimonio cultural que mayor importancia podían entrañar para nosotros, y a las que corresponde la labor de aclararnos los enigmas del mundo y reconciliarnos con el dolor de la vida, son las que menos garantías nos ofrecen. Si un hecho tan indiferente para nosotros como el de que las ballenas sean animales vivíparos, y no ovíparos, fuera igualmente difícil de demostrar, no nos decidiríamos nunca a creerlo".

◆ ◆ ◆

En el estudio titulado *Comprehension of humorous and non-humorous materials by left and right brain-damaged patients. Brain and Cognition*, los neuropsicólogos, Bihrle, Brownell, Powelson y Gardner, evaluaron las consecuencias de lesiones en el hemisferio derecho cerebral. Dichas lesiones interferían en aspectos narrativos del lenguaje. Se constataron dificultades significativas para captar el sentido humorístico de ciertos enunciados. Los pacientes evaluados advertían incongruencias en los relatos, pero se veían llevados a explicarlas mediante la racionalización de enunciados y justificación de los elementos que no cuadraban. Los autores describen en estos sujetos un grado de rigidez que no los hace permeables a las agudezas e interpretaciones en los relatos, rechazo de significados metafóricos, tendencia a la literalidad, imposibilidad de extraer moralejas, de hacer inferencias a partir de la diversidad de información a la que son sometidos, e insensibilidad ante matices emocionales. Nos es difícil deducir de dichos sujetos, carentes del don del humor, la ausencia del don de la creencia. En efecto, tanto la creencia como el humor ponen al duelo en práctica.

En una entrevista, Jacques Lacan, expande el alcance de la spaltung freudiana al considerarla la base misma de *"lo que hay de más fundamental en el hombre"*, a saber, la creencia.[46] Continuemos situando los puntos de cruce entre la creencia y el don del humor, *"don precioso y raro"* (según Freud) del que no todos gozan.

◆ ◆ ◆

Hasta aquí, la literalidad se nos presenta como la más degradada –por incestuosa, por antimetafórica– forma de relación al lenguaje y, por la misma razón, un modo precario de relación al otro. A su instinto de verificación, corresponde el ataque a la necesidad del relato, considerada una estafa.

Una amiga, Lidia Ferrari, remite a Wittgenstein. La factibilidad de la creencia no requiere una constatación en lo real, sino que requiere de otro que crea. El otro es condición necesaria de la creencia. Si no se cree en el otro no hay posibilidad de creer, y si el otro no cree, tampoco. Basta imaginar la eficacia de la que gozaría el chamanismo si el hechizado o el chamán si no creyesen en él. Lo mismo sucede con el psicoanálisis, cuya primera condición de eficacia clínica es la creencia del analista en el inconsciente freudiano. Dicha creencia permitirá, en el mejor de los casos, la creencia del inconsciente en sus pacientes. Asimismo, la eficacia simbólica de un discurso en ciertas coordenadas epocales no carecen de importancia. Es decir, la eficacia del psicoanálisis no está desligada del lugar que éste ocupe en la cultura.

Cuando hay otro confiamos. No hay certeza. Hay riesgo, duda, incertidumbre; la confianza es del orden de la apuesta. Siempre es ciega. Si uno va a constatar "LA" verdad que fundamente la creencia más allá de la mitología en que se sostiene, no se alejaría de quien intenta constatar la realidad fáctica de la escena de seducción. En términos antropológicos, no hay solución del mito porque el mito mismo es la solución. La verdad, cuanto más se aleja de su referente real, más se acerca a aquella dimensión de la verdad fundada por Freud.

---

46 No adentraré en dicha temática. Carlos Quiroga ha realizado un trabajo riguroso sobre el tema en *La necesidad del otro*, así como también lo ha hecho Lidia Ferrari, en su libro *La diversión en la crueldad*.

Podríamos decir, a esta altura, que el psicoanálisis se estructura sobre el humor. Masotta lo decía respecto del chiste. Pero el chiste acentúa la vertiente significante, que no por menos importante, debe opacar la que corresponde al afecto, al *sentimiento penoso* en el cual Freud insiste.

El niño cree en la autoridad, en el adulto, los padres, etcétera. Ahora, cuando el pequeño crece, sigue creyendo... ¿Cómo es posible que el niño crédulo, luego de las experiencias de la vida, las decepciones inevitables, siga creyendo? Wittgenstein responde que la verificación sería una forma posible. Pero en ese caso deberíamos verificar constantemente, ya que, a partir de cierto momento, el otro siempre es un posible engañador. A este problema Wittgenstein responde que es necesario creer que dos más dos es cuatro, ya que *"en el fundamento de la creencia bien fundamentada yace la creencia sin fundamentos"*.

◆ ◆ ◆

Volviendo al principio, en una primera impresión, la posición del poeta parece más sensible al reconocimiento de la pérdida que la de Freud, renegatoria respecto de ésta. Pero patologizar la renegación nos arrojaría a las habituales confusiones de quienes gustan patologizar. *"Lo sé... pero aun así"*, señala O. Mannoni. Mientras Freud goza de la belleza del campo floreado, el poeta se lamenta. El primero no rechaza la penosa realidad de que las cosas perecen (*lo sé...*). No se detiene (*pero aun así...*), y advierte que su carácter perecedero –las "limitadas capacidades de gozarlo"– es condición de goce. El segundo está lejos de lograr el tiempo de más que Freud realiza ante la cruda verdad. Se deduce que, en Freud, la muerte cobra una función estetizante, lo que supone una ética, en este caso, al servicio de la vida.

El humor es así *"lo opuesto"* al sentimiento penoso, trágico, no tanto en el sentido de *"lo contrario"*, sino en el de *"lo que se opone a ello"*.[47] Deviene así un potente recurso de resistencia ante la verdad sin esperanza.

---

47 Del mismo modo en que en *Duelo y melancolía* confiere a la manía el carácter superador sobre el objeto, en *El humor* afirma que: *"El humor no es resignado, es opositor; no sólo significa el triunfo del yo, sino también el del principio de placer, capaz de afirmarse aquí a pesar de lo desfavorable de las circunstancias reales"*. Nuevamente, en dicho "A pesar de..." se lee "pero aun así...".

EPÍLOGO
La obscenidad del tedio

por Carlos Quiroga

Si tomamos la literatura obscena, veremos que su problema es que la combinatoria en ella establecida es bastante pobre. Es decir, aquí, la imaginación se presenta claramente empobrecida. Aunque el problema de lo obsceno no es tanto el imaginario como su pobreza, al quedar éste aplastado, sometido, a la obscenidad. La literatura erótica, por su parte, tiene más vuelo –casi todos los autores importantes han hecho algo de este género. En todo caso, parece que la obscenidad y lo erótico no favorecen mucho el esfuerzo de cada uno con relación a la metáfora. Y en última instancia, casi todo el trabajo que hacemos los seres parlantes es un trabajo con ella. En este sentido, lo que se podría denominar patológico coincide con lo normal, ya que lo normal, aquí, es aquello que se ajusta de manera estricta a la demanda del otro. Y en ese ajuste, la metáfora no tiene lugar. De este modo, hay una relación entre lo obsceno y el tedio. La tediosidad neurótica coincide con este aplastamiento, este ajuste estricto a la demanda del otro, a raíz de la cual es más común vivir bajo la pregunta de lo que el otro quiere más que de lo que quiere uno. De este modo, el tedio se presenta como una operación de clausura que, por lo general, sucede al acontecimiento. Avancemos sobre esto.

Acontecimiento y clausura

Hay épocas históricas donde prevalece el tedio. El siglo XIX está marcado de esta manera. Varios autores –quizás George Steiner es el más agudo en esto– sitúan el siglo XIX como el gran siglo del tedio, del aburrimiento y, mal que mal, todos coinciden en interpretar que el tedio adviene a la represión y a la pulsión de muerte. Si tomamos el movimiento histórico que va de la revolución francesa al siglo XX, podemos ubicar el tedio del siglo XIX como la conclusión de las operaciones de clausura que advinieron al acontecimiento que fue la revolución francesa. Con el advenimiento de la burguesía al poder y el asentamiento de la familia pequeñoburguesa, la revolución francesa constituyó la invasión de lo público en lo privado. Más allá de los cambios en la indumentaria, en la alimentación, en el lenguaje, ésta estableció un fracaso, o más bien, para decirlo en términos kantianos, una impotencia de lo imaginario. En efecto, el acontecimiento es un hecho cuya condición es producir dicha impotencia. Es la marca en que el imaginario ya no puede recubrir lo que hasta ese momento recubría. Se produce así, un quiebre en el punto de soldadura entre lo imaginario y lo simbólico, y la realidad misma depende de esta soldadura.

En la revolución francesa, lo público era lo privilegiado en detrimento de lo privado; todo interés individual y privado era considerado como sospechoso y contrarrevolucionario. Paradójicamente, al poco tiempo pasa a constituirse un espacio hiperprivado. La literatura de Sade, sus narraciones, transcurren en espacios cerrados, de verdadera clausura: castillos cuya puerta de salida se disimula con paredes y cortinados. Sade desarrolla su filosofía en ese claustro donde la relación del sujeto con la ley se vuelve muy particular. Es la lógica de la cárcel. Si el perverso busca la cárcel es porque, en dicho espacio, supone una relación del sujeto con la ley en la que no hay ninguna posibilidad de expulsión. Parece que la perversión gusta siempre de esta privacidad, de este lugar secreto, de lo oculto, de esto que Lacan nos ha enseñado como lugar donde podemos ver emerger el objeto del coleccionista, de su colección privada, con lo cual lo privado parece ser que constituye ese espacio de goce. El psicoanálisis, por su parte, toma el camino inverso; no va de lo público a lo privado, sino de lo privado a lo público. Cuando Freud le decía al obsesivo que tenía su religión privada, le estaba preguntando por qué no tenía una pública, y ese pasaje de lo privado a lo público no está desligado del surgimiento del psicoanálisis.

Retomando, respecto de la operación de clausura que podemos situar en la revolución francesa como acontecimiento, y del asentamiento de la familia pequeñoburguesa en el poder, nacen nuevas costumbres, nuevos hábitos, incluso sexuales. La fidelidad, por ejemplo, es un invento del siglo XVIII. Antes no era así. Y de ese modo, un montón de nuevos aburrimientos. A la mujer, heroica e intelectual en plena revolución, se la mandó a lavar los platos. Asimismo, se organizó esa especie de mamarracho histórico que es el pater familias, una especie de controlador del rebaño. El padre de familia no es el mismo de antes de la revolución francesa. Hoy, ya no impacta a nadie. Esto es interesante, ya que Lacan dice que en la función del padre hay una función del impactar, pero es en el sentido de transgredir la ley del rebaño. Ese punto de impacto es lo que el capitalismo logró dejar por fuera.

El cansancio y los cansancios

En su ensayo sobre el cansancio, Peter Handke plantea la diferencia entre el cansancio y los cansancios. Dice que hay cansancios absolutamente detestables; cansancios que provienen de los incansables, o sea, cansancios producto de no poder cansarse; y hay cansancios que advienen de la posibilidad de cansarse. Es decir, cansarse no es tan fácil –bien lo sabe el insomne, un incansable–. Cito a Handke:

> "A diferencia de lo que ocurría en la amistad, en el amor, o como llamar a este sentimiento de plenitud y totalidad, al estallar el cansancio de repente todo estaba en juego. Fin del hechizo. De pronto las líneas de la imagen del otro desaparecían. Él/Ella en el lapso de un segundo de espanto ya no daba ninguna imagen. La imagen del segundo anterior había sido simplemente un espejismo. De este modo, de un momento a otro era posible que entre los dos seres humanos se hubiera acabado todo. Y lo más espantoso era que, debido a esto, también en uno mismo parecía que se había acabado todo. Uno se encontraba a sí mismo tan feo o, incluso, insignificante como el otro, con el cual hacia un momento que de un modo perceptible había encarnado una forma de existencia, un solo cuerpo, una sola alma. Uno quería que, a uno mismo, al igual que al maldito ser que tenía delante, lo quitaran inmediatamente de allí, lo eliminara. Incluso las cosas que lo rodeaban a uno caían hechas pedazos y se convertían en inutilidades. Con qué cansancio y qué gastado pasa volando el tren rápido, recordando los versos

de un amigo. Aquellos cansancios de pareja tenían el peligro de degenerar y, desbordándole a uno mismo, convertirse en cansancio de la vida e incluso en cansancio del universo, de las hijas desmayadas de los árboles, del río que de repente avanza como paralizado, del cielo que palidece. Pero, como tal cosa solo ocurría cuando hombre y mujer estaban juntos, sin nadie más, con los años fui evitando todas las situaciones prolongadas de estar a solas, lo que tampoco era una solución o era una solución cobarde".

"Fin del hechizo", escribe Handke, fácilmente asociable al fin de flechazo, al fin de la captura imaginaria que supone un encuentro. ¿Cómo algo que un segundo anterior había sido causa del erotismo, de esa pasión de hacer uno con el otro, se puede constituir en punto de espanto, de lo feo, del odio del ser –de *"ese maldito ser"*–? ¿Habría en algún momento, y según determinadas coordenadas, una coincidencia entre aquello que causa el deseo y lo obsceno? ¿Qué es, entonces, lo que convierte algo en obsceno para el ser hablante?

La literatura está llena de referencias a lo insoportable del partenaire después de una relación sexual. Este cansancio de la vida es un cansancio incansable porque su circuito es diabólico: vuelve el hechizo de la excitación y, al declinar de la excitación, la aparición de lo obsceno. Es un cansancio de la vida, pero, ¿de qué vida?

Es así que el hecho de que entre hombre y mujer algo no funcione, abre una hiancia que puede recubrirse con el objeto obsceno. La excitación sexual vela lo que el ser tiene de maldito, y al caer, la maldición es revelada. Sorpresa, ese ser maldito éramos nosotros cuando no vestíamos el brillo del falo. Así, lo obsceno se nos presenta como lo que resta al finalizar el hechizo.

BIBLIOGRAFÍA

AGAMBEN, G., *Infancia e historia*, Buenos Aires, Ed. Adriana Hidalgo, 2011.

ALLOUCH, J., *Erótica del duelo en tiempos de la muerte seca*, Buenos Aires, Ed. Cuenco del plata, 2006.

BARTHES, R., *Fragmentos de un discurso amoroso*, Buenos Aires, Ed. Siglo XXI, 2008.

BATAILLE, G., *El erotismo*, Buenos Aires, Ed. Tusquets, 2009.

BATAILLE, G., *La parte Maldita,* Buenos Aires, Ed. Las cuarenta, 2007.

BORGES, J. L., *El Aleph*, Buenos Aires, Ed. Debolsillo, 2011.

BORGES, J. L., *Historia de la eternidad*, Buenos Aires, Ed. Alianza, 2002.

CAILLOIS, R., *El hombre y lo sagrado*, Buenos Aires, Ed. Fondo de Cultura Económica, 1996.

CAMUS, A., *El extranjero*, Buenos Aires, Ed. Alianza, 2010.

DUPUY, J., *El pánico*, Buenos Aires, Ed. Gedisa, 2009.

GARCÍA, G., *La virtud indicativa,* Buenos Aires, Ed. Colección Diva, 2003.

GARCÍA, G., *Derivas analíticas del siglo, ensayos y errores*, Buenos Aires, Ed. Unsam, 2014.

FERRARI, L., *La diversión en la crueldad*, Buenos Aires, Ed. Letra Viva, 2016.

FERREYRA, N., *Trauma, duelo y tiempo*, Buenos Aires, Ed. Kliné, 2000.

FOUCAULT, M., *La vida: la experiencia y la ciencia*, en *Ensayos sobre biopolítica, excesos de vida*, Buenos Aires, Ed. Paidós, 2009.

FREUD, S., *Consideraciones de actualidad sobre la guerra y la muerte* en *Obras completas,* Buenos Aires, Amorrortu, 1988.

FREUD, S., *Inhibición, síntoma, y angustia* en *Obras completas,* Buenos Aires, Amorrortu, 1988.

FREUD, S., *Duelo y Melancolía* en *Obras completas,* Buenos Aires, Amorrortu, 1988.

FREUD, S., *Lo perecedero* en *Obras completas,* Buenos Aires, Amorrortu, 1988.

FREUD, S., *El porvenir de una ilusión* en *Obras completas,* Buenos Aires, Amorrortu, 1988.

FREUD, S., *Psicología de las masas y análisis del yo* en *Obras completas,* Buenos Aires, Amorrortu, 1988.

FREUD, S., *El chiste y su relación con el inconsciente* en *Obras completas,* Buenos Aires, Amorrortu, 1988.

FREUD, S., *El humor* en *Obras completas,* Buenos Aires, Amorrortu, 1988.

HANDKE, P., *Ensayo sobre el cansancio,* Buenos Aires, Ed. Alianza, 2017.

KOJEVE, A., *La idea de muerte en Hegel,* Buenos Aires, Ed. Leviatán, 2004.

KRAUSS, N., *Hambre y amor,* Buenos Aires, Ed. Letra Viva, 2016.

LACAN, J., *El seminario 10: La angustia,* Buenos Aires, Ed. Paidós.

LACAN, J., *El seminario 1: Los escritos técnicos de Freud,* Buenos Aires, Ed. Paidós.

LACAN, J., *El seminario 3: Las psicosis,* Buenos Aires, Ed. Paidós.

LACAN, J., *El seminario 7: La ética del psicoanálisis,* Buenos Aires, Ed. Paidós.

LACAN, J., *La familia,* Barcelona, Ed. Argonauta, 1982.

MANNONI, O., *La otra escena. Calves de lo imaginario,* Buenos Aires, Ed. Amorrortu, 1997.

MALEVAL, J.C., *Locuras histéricas y psicosis disociativas,* Buenos Aires, Ed. Paidós, 1987.

PLATÓN, *El timeo,* Buenos Aires, Ed. Colihue, 1999.

POMMIER, G., *Los cuerpos angélicos de la posmodernidad,* Buenos Aires, Ed. Nueva Visión, 2002.

QUIROGA, C., *El prójimo y lo abyecto,* Buenos Aires, Ed. Letra Viva, 2013.

QUIROGA, C., *¿Por qué no actúa Hamlet?,* Buenos Aires, Ed. Letra Viva, 2014.

QUIROGA, C., *Envidia, celos y lazo social,* Buenos Aires, Ed. UNLZ, 2016.

QUIROGA, C., *La necesidad del otro,* Buenos Aires, Ed. UNLZ, 2018.

VINCENT, T. L., *Antropología de la muerte,* Buenos Aires, Ed. Fondo de Cultura Económica, 2013.

VIRNO, P., *El recuerdo del presente,* Buenos Aires, Ed. Paidós, 2003.

WINNICOTT, D., *La capacidad de estar solo,* en *Los procesos de maduración y el ambiente facilitador,* Barcelona, Ed. Paidós, 1992.

www.ingramcontent.com/pod-product-compliance
Lightning Source LLC
La Vergne TN
LVHW091617170726
843492LV00007B/2473